DU SCHAFFST DEN SPRUNG

Dieses Buch gehört

____

Du schaffst den Sprung

Vorwort

Liebe Schülerin, lieber Schüler,

dieses Buch hilft dir bei der Vorbereitung auf ein neues Thema und auf deine Proben bzw. Klassenarbeiten in der 4. Klasse im Fach Heimat- und Sachunterricht. Die verschiedenen Themen sind kurz zusammengefasst. Anhand von mehreren von uns erstellten Übungsproben, die dem Lehrplan angepasst sind und in Inhalt, Form und Umfang etwa dem entsprechen, was dich in deinen Klassenarbeiten erwartet, kannst du überprüfen, ob du den behandelten Stoff beherrschst. Bitte achte trotzdem darauf, wie ihr die Themen in der Schule erarbeitet habt. Falls du zum Thema Wasser z.B. die Kläranlage gar nicht durchgenommen hast, brauchst du sie für deine Wasserprobe auch nicht lernen.
Die Proben decken die verschiedenen Sachgebiete in HSU gemäß dem Lehrplan des bayerischen Kultusministeriums ab.

Im Anhang findest du zu jeder Probe eine Lösung mit ausführlichen Erläuterungen, damit du deine Antworten selbstständig kontrollieren kannst.

Wir wünschen dir viel Erfolg bei der Arbeit mit dieser Probensammlung und für dein gesamtes 4. Schuljahr.

Miriam Reichel & Mandana Mandl

Für konstruktive Kritik und Tipps, wie auch für Ideen für weitere Schulproben sind wir immer offen!

1. Auflage 09/2009
18. Auflage 9/2014

Lektorat: Dr. Emil Hadamitzky, München; Horst Reichel, München, Denise Quaiser
Logoentwurf: Michael Reichel
Druck: AZ - Druck und Datentechnik, Kempten im Allgäu
www.schulproben-bayern.de
www.MaMis-verlag.de

Inhaltsverzeichnis

Informatives:

Seit dem Schuljahr 2009/2010 müssen die Schulproben mindestens 8 Tage im Voraus angekündigt werden. Die Anzahl der Proben pro Fach ist vom Kultusministerium festgelegt worden.

In dieser Reihe erhältlich:

2. Klasse:	Deutsch, Mathematik, Heimat- und Sachunterricht (HSU)
3. Klasse:	Deutsch, Mathematik, Heimat- und Sachunterricht (HSU)
3./4. Klasse:	Deutsch-Leseprobenbuch
4. Klasse:	Deutsch, Mathematik, Heimat- und Sachunterricht (HSU)
5. Klasse:	Deutsch (alle Schulen), Mathematik, Englisch (Gymnasium)
6. Klasse:	Deutsch, Mathematik (Gymnasium)

Ferienkalender für Bayern:

	2014	**2015**
Fasching	03.03. - 07.03.	16.02. - 20.02
Ostern	14.04. - 26.04.	30.03. - 11.04
Pfingsten	10.06. - 21.06.	26.05. - 05.06
Sommer	30.07. - 15.09.	01.08. - 14.09
Herbst	27.10. - 31.10.	02.11. - 07.11.
Weihnachten	24.12. - 05.01.	24.12. - 05.01.

Ferienkalender für Baden-Württemberg:

	2014	**2015**
Ostern	14.04. - 25.04.	30.03. - 10.04.
Pfingsten	10.06. - 21.06	26.05. - 06.06.
Sommer	31.07. - 13.09.	30.07. - 12.09.
Herbst	27.10. - 30.10.	02.11. - 06.11.
Weihnachten	22.12. - 05.01.	23.12. - 09.01.

Quelle: http://www.schulferien.org

1 Wir in der Welt - die Welt bei uns

1.1 Zusammenfassung zum Thema „Wir in der Welt - die Welt bei uns"

1.1.1 Kinderrechte

Die Kinderrechte wurden im November 1989 von den Vereinten Nationen (United Nations = UN) verabschiedet und sind in den UN-Kinderrechtskonventionen festgeschrieben. Die UN-Kinderrechtskonventionen wurden von 192 Ländern unterschrieben.

Leider werden diese Rechte nicht in allen Ländern eingehalten und auch bei uns kommt es immer wieder vor, dass die Kinderrechte missbraucht oder nicht eingehalten werden. In manchen Ländern müssen Kinder arbeiten und haben keine Zeit zum Spielen und zum Lernen, obwohl Kinderarbeit verboten ist.

Kinder haben das Recht auf

- Ernährung
- Gesundheit
- Freiheit
- Schule, Bildung und Ausbildung
- Freizeit, Spielen und Ruhe
- Gleichbehandlung und Schutz vor Ausgrenzung
- Schutz vor Grausamkeit und Gewalt im Krieg und auf der Flucht
- Sich zu informieren, mitzuteilen und gehört zu werden
- Eine Familie, eine Heimat und ein sicheres Zuhause
- Eine gute Betreuung bei Behinderung
- Gewaltfreie Erziehung
- Rückzugsmöglichkeiten

1.1.2 Deutschland

Wir leben in Deutschland und sprechen Deutsch. In Deutschland leben insgesamt ca. 82 Millionen Menschen. Wir haben eine parlamentarische Demokratie mit einem Bundespräsidenten als Staatsoberhaupt.

Geographische Lage

Deutschland liegt in Mitteleuropa. Hauptstadt ist Berlin, der höchste Berg ist die Zugspitze und unser Land erstreckt sich über ca. 357.000 km².

Folgende Länder grenzen an Deutschland (im Norden angefangen):
Dänemark, Polen, Tschechien, Österreich, Schweiz, Frankreich, Luxemburg, Belgien und die Niederlande.

Bundesländer

Die Bundesrepublik besteht aus 16 Bundesländern:

1. Baden-Württemberg (Stuttgart)
2. Bayern (München)
3. Berlin (Berlin)
4. Brandenburg (Potsdam)
5. Bremen (Bremen)
6. Hamburg (Hamburg)
7. Hessen (Wiesbaden)
8. Mecklenburg-Vorpommern (Schwerin)
9. Niedersachsen (Hannover)
10. Nordrhein-Westfalen (Düsseldorf)
11. Rheinland Pfalz (Mainz)
12. Saarland (Saarbrücken)
13. Sachsen (Dresden)
14. Sachsen-Anhalt (Magdeburg)
15. Schleswig-Holstein (Kiel)
16. Thüringen (Erfurt)

Bayern und seine sieben Regierungsbezirke:

Unterfranken / Würzburg
Oberfranken/ Bayreuth
Mittelfranken / Ansbach
Oberpfalz / Regensburg
Niederbayern / Landshut
Oberbayern / München
Schwaben / Augsburg

1.1.3 Europa

Europa ist der Kontinent, in dem wir leben. Der Name Europa kommt aus der griechischen Sagenwelt und stammt von der Tochter eines phönizischen Königs ab. Zeus hat, als Stier verkleidet, Europa nach Kreta entführt und nach ihrem Namen wurde das ganze Abendland benannt.

Europa ist nach Australien der zweitkleinste Kontinent. In Europa leben ungefähr 700 Millionen Menschen in über 50 Staaten. Der höchste Berg Europas ist der Mont Blanc (4810 m), der längste Fluss ist die Wolga (3531 km). Im Norden wird Europa durch die Nordsee begrenzt, im Osten durch das Uralgebirge, im Süden durch das Mittelmeer und im Westen durch den Atlantik.

Die Europäische Union (EU) wurde 1957 in Rom als Europäische Wirtschaftsgemeinschaft (EWG) gegründet. Ziel der EWG war die Gründung eines gemeinsamen Marktes, in dem sich Waren, Dienstleistungen, Kapital und Arbeitskräfte frei bewegen konnten und der Frieden gesichert war. Die sechs Gründerstaaten waren: Deutschland, Frankreich, Italien, Niederlande, Belgien und Luxemburg.

Seit dem **1. Juli 2013** besteht die EU aus 28 Mitgliedstaaten. Zur EU gehören unter anderem folgende Staaten: Deutschland, Großbritannien, Frankreich, Italien, Österreich, Belgien, Niederlande, Schweden, Finnland, Dänemark, Spanien, Portugal ...→

Nicht zur EU gehören z.B. die Schweiz, Norwegen, Russland, Serbien (Verhandlungen für Serbien starteten im Januar 2014; Mitte 14 sah die Kanzlerin gute Chancen für einen Beitritt) u. a.

Europakarte

Einige wichtige europäische Staaten

Flagge / Staat	**Hauptstadt**	**Landesspezifische Gerichte**	**Bekannt in der ganzen Welt - Sehenswürdigkeiten/ Wichtiges/ Persönlichkeiten**
Belgien	Brüssel	Miesmuscheln mit Pommes	Europäisches Parlament
Dänemark	Kopenhagen	Smorrebrod (belegtes Butterbrot)	Hans Chr. Andersen
Deutschland	Berlin	Rinderroulade / Spätzle / Schweinebraten	Schloss Neuschwanstein, Oktoberfest, Land der Dichter und Denker
Finnland	Helsinki	Karelischer Fleischtopf, Pellkartoffeln mit Dill	Dom von Helsinki
Frankreich	Paris	Boeuf bourguion (Rindfleischeintopf) /Baguette /Schnecken (escargots)	Eifelturm, Schloss Versailles, Louvre (Mona Lisa), Notre Dame, Seine,
Griechenland	Athen	Moussaka	Akropolis
Italien	Rom	Pizza / Spagetti	Spanische Treppe, schiefe Turm von Pisa, Venedig - Gondeln
Niederlande	Amsterdam	Käse / Stampot (Kartoffelspeise)	Tulpen, Blumen, Obst
Österreich	Wien	Wiener Schnitzel / Palatschinken (Pfannkuchen)	Stephansdom, Prater, Hofburg, Donau
Polen	Warschau	Bigos	Johannes Paul II. war 26 Papst bis zu seinem Tode
Rumänien	Bukarest	Chorba (Rindfleischsuppe mit Weißkohl)	Moldaukloster
Russland	Moskau	Boretsch	Kreml, Leo Tolstoi
Schweden	Stockholm	Köttbullar	Astrid Lindgren, Pipi Langstrumpf
Schweiz	Bern	Käsefondue	Käse, Schokolade
Serbien	Belgrad	Cevapcici	Mileva Einstein-Maric, erste Frau die Physik und Mathe studierte
Spanien	Madrid	Paella	schöne Strände, guter Fußball
Türkei	Ankara	Pilaw / Adana Spieß	Istanbul, Teil liegt in Europa, der größere Teil in Asien
Ungarn	Budapest	Gulasch	Béla Bartók, Akazienhonig
Vereinigtes Königreich	London	Fish and Chips	Themse, Queen, Big Ben

1.1.3.1 Feiertage und Feste in Europa:

Datum	**Anlass**
1. Januar:	Neujahrsfest in den meisten Ländern der Welt
	In Griechenland bekommen die Kinder erst am 1.1. Geschenke
6. Januar	Heilige 3 Könige
1. Mai	Tag der Arbeit
2. Juni	Tag der Republik in Italien
15. August	Maria Himmelfahrt, ein besonderer Feiertag in Italien (Ferragosto)
3. Oktober	Tag der deutschen Einheit
31. Oktober	Reformationstag , Halloween
1. November	Allerheiligen
6. Dezember	Nikolaus
24. Dezember	Heilig Abend in Deutschland, Österreich, Schweiz
25.12. / 26.12.	Weihnachtsfeiertage In England kommt der Weihnachtsmann in der Nacht zum 25.12
31. Dezember	Silvester

Das Weihnachtsfest wird in den Ländern Europas ganz unterschiedlich gefeiert.

In England hängen die Kinder in der Nacht zum 25. 12. ihre Strümpfe vor den Kamin, damit der Weihnachtsmann diese mit Geschenken und Süßigkeiten füllt.

In Italien bringt die Fee La Befana die Geschenke und Süßigkeiten für die braven Kinder und schwarze Kohle für die unartigen Kinder.

In Schweden klopft Jultome an die Tür, um Geschenke zu bringen. Er klopft kurz an die Tür und verschwindet gleich wieder.

In Griechenland wird an den Weihnachtsfeiertagen die Verwandtschaft besucht und gut gegessen, Geschenke gibt es aber erst am Neujahrstag, am 1.1.

1.1.4 Kontinente

Es werden heute - je nach Theorie - zwischen 5 und 7 Kontinente gezählt. Bitte auf den Eintrag des Lehrers achten!

- Asien
- Nordamerika
- Südamerika
- Afrika
- Europa
- Australien
- Antarktis (manche sprechen von 7 Kontinenten, manche nehmen die Antarktis aus, manche Lehrer verstehen unter Nord - und Südamerika einen Kontinent.)

1.1.4.1 Wichtiges aus aller Welt:

Die am weitesten verbreitete Sprache ist Englisch, die am zweit häufigsten gesprochene Sprache auf der Erde ist Spanisch.

Das wichtigste Getreide in der Welt ist Reis, es stellt zugleich das Nationalgericht der meisten Asiaten dar.

Eskimo ist die umgangssprachliche Sammelbezeichnung für die arktische Bevölkerung. Der richtige Name ist Inuit. Die Inuit leben in Iglus, Häusern, die aus Eisblöcken gebaut werden.

Die größte ethnische Bevölkerungsdichte lebt in China und in Indien. Jedes Land hat mehr als eine Milliarde Einwohner.

Die meiste schwarze Bevölkerung lebt in Afrika. Die afrikanischen Urvölker leben in Hütten aus Lehm und Stroh.

Japan wird häufig von Erdbeben heimgesucht, deshalb werden dort die Häuser häufig aus dünnen Holzwänden und erdbebensicher gebaut. Das japanische Nationalgericht heißt Sushi und besteht aus Reis und rohem Fisch. Größte Stadt der Welt heißt Tokio und hat 37,3 Mio. Einwohner.

Der Ramadan ist die Fastenzeit der gläubigen Moslems. Während des Ramadans darf von Sonnenaufgang bis Sonnenuntergang weder gegessen noch getrunken werden. Das Zuckerfest wird im Anschluss an den Ramadan gefeiert. Es dauert 3 Tage lang und die Menschen feiern mit gutem Essen und Tanz, die Jüngeren besuchen die älteren Verwandten.

1.2 Grundschulproben zum Thema Wir in der Welt - die Welt bei uns

1.2.1 Probe 1 zum Thema Wir in der Welt - die Welt bei uns

1. Notiere wo in der Welt deine Schule liegt. — 3

Kontinent	
Land	
Bundesland	
Regierungsbezirk	
Stadt	
Stadtteil	

2. Benenne vier an Deutschland angrenzende Länder und deren Hauptstädte, in dem du sie in der Karte nummerierst! — 8

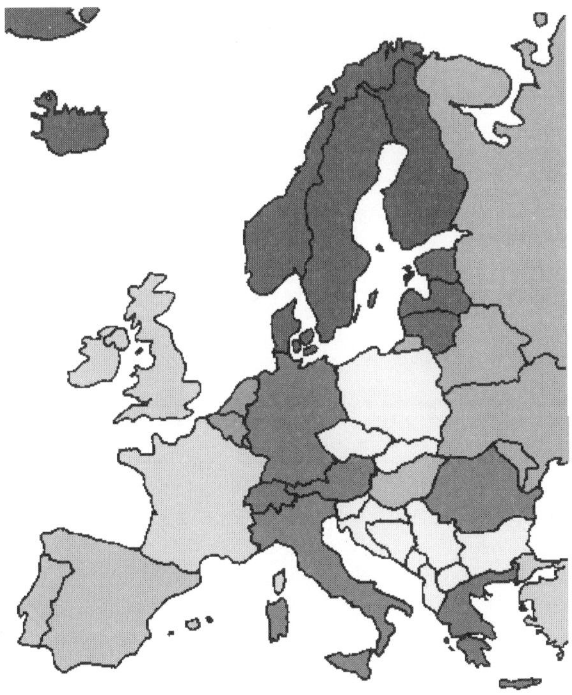

1. ____________________

2. ____________________

3. ____________________

4. ____________________

3. Nenne 4 bayerische Regierungsbezirke und deren Hauptstädte: — 8

____

____

____

____

4. Wie heißt der Fastenmonat im Islam? ____________________ — 1

5. Welches Fest wird im Anschluss an den Fastenmonat gefeiert und wie lange dauert es? ____________ ____________	2
6. Wie verhalten sich gläubige Moslems während der Fastenzeit? ____________ ____________	3
7. Das Weihnachtsfest wird in den Ländern <u>Europas</u> ganz unterschiedlich gefeiert. Von welchem Land ist die Rede? Die Kinder hängen in der Nacht zum 25.12 ihre Strümpfe vor den Kamin, damit der Weihnachtsmann diese mit Geschenken und Süßigkeiten füllt. ____________ Die Fee La Befana bringt die Geschenke und Süßigkeiten für die braven Kinder und schwarze Kohle für die unartigen Kinder. ____________ In welchem Land klopft Jultome an die Tür um Geschenke zu bringen? ____________ An den Weihnachtsfeiertagen wird die Verwandtschaft besucht und gut gegessen, Geschenke gibt es aber erst am Neujahrstag, am 1.1. ____________	4
8. Nenne 3 Gründe weshalb Menschen aus anderen Ländern nach Deutschland kommen um hier zu leben! ____________ ____________	3
9. Gibt es auch Deutsche, die von Deutschland wegziehen, um woanders zu leben? ____________ ____________	2
10. Nenne die 6 Kontinente der Erde! ____________ ____________ ____________ ____________ ____________ ____________	6

Viel Erfolg!

Von 40 Punkten hast du _____ Punkte.

1.2.2 Probe 2 zum Thema Wir in der Welt - die Welt bei uns

1. Welches typische Gericht fällt Dir zu folgenden Ländern ein? Italien __________ Frankreich __________ Spanien __________ Japan __________ Wie heißt das wichtigste und meistgegessene Getreide der Welt? __________	5
2. Ramadan und Zuckerfest - trage ein: richtig (r) oder falsch (f)! O Ramadan ist der Fastenmonat im Islam. O Erwachsene essen im Ramadan nur nachmittags. O Während des Ramadans trinken die Gläubigen tagsüber nur Tee. O Das Zuckerfest wird vor dem Ramadan gefeiert. O Das Zuckerfest dauert 3 Tage. O Das Zuckerfest beherrschen Tanz, Theater, Musik und Besuche	3
3. Nenne jeweils die entsprechenden Feste, die irgendwo auf der Erde gefeiert werden: 6. Januar: __________ 31. Oktober __________ 1. November __________ 25. Dezember __________	4
4. Europa a) Wie viele Länder hat der europäische Kontinent? __________ b) Durch welche Meere oder Gebirge wird Europa begrenzt? Norden __________ Osten __________ Süden __________ Westen __________ c) Wann und wo wurde die Europäische Union gegründet. __________ __________	6

5. Nenne die 7 Regierungsbezirke Bayerns! ____________________ ____________________ ____________________	7
6. Welche Bundesländer grenzen an Bayern? ____________________ ____________________ ____________________	4
7. Nenne 3 Länder und deren Hauptstädte, die an Bayern grenzen! ____________________ ____________________ ____________________	6
8. Welche zwei Sprachen sind auf der Erde am weitesten verbreitet? ____________________ ____________________	2
9. Nenne den größten und den kleinsten Kontinent der Erde: Kleinster Kontinent: ____________________ Größter Kontinent: ____________________	2
10. Vervollständige den Lückentext! Auch Kinder haben ____________. Sie wurden von den ____________________ im Jahr __________ niedergeschrieben. Alle Kinder haben das Recht ________________ zu gehen. ____________ gegen Kinder ist verboten! Jedes Kind hat das Recht seine ______________ frei zu äußern. Jedes Kind hat das Recht mit seiner Mutter oder seinem Vater ______________. Jedes Kind hat das Recht auf ________________ und Hilfe, wenn es schlecht behandelt wird.	4

Viel Erfolg!
Von 40 Punkten hast du _____ Punkte erreicht.

1.2.3 Probe 3 zum Thema Wir in der Welt - die Welt bei uns

1. Zeichne die europäische Flagge!	1
2. Weshalb wurde die Europäische Union gegründet? ✏ ______ ______ ______	3
3. Sind alle europäischen Staaten in der EU? Nenne mindestens Staaten, die nicht in der EU sind! ______ ______	2
4. Nenne 6 Staaten der EU! ✏ ______ ______ ______	6
5. Wie viele Regierungsbezirke hat Bayern und wie heißen diese? ✏ ______ ______ ______ ______	7
6. Welche Bundesländer grenzen an Bayern? ✏ ______ ______ ______ ______	4
7. Gelten die Kinderrechte nur in Deutschland? ✏ ______	1

8. Nenne 3 Kinderrechte!	3
9. Welche Kinderrechte werden hier verletzt? Anna wohnt an einer großen Straße, an der täglich sehr viele LKWs fahren, die sehr viele Abgase verursachen. Juan wohnt in Peru. Er bewohnt mit seiner Familie eine kleine Hütte. Er würde gerne Lesen, Schreiben und Rechnen lernen. Die Familie ist sehr arm, deshalb darf er nicht in die Schule gehen, sondern muss in die Stadt, um dort als Schuhputzer zu arbeiten. Tinas Eltern haben eine kleine Bäckerei. Am Nachmittag, wenn Tina mit den Hausaufgaben fertig ist, muss sie in der Bäckerei aushelfen.	3
10. Auf welchem Kontinent leben wir? Nenne 3 weitere Kontinente!	4
11. Welche Bedeutung hat Ramadan?	3
12. Welches internationale Fest kennst du noch? Beschreibe kurz!	3

Viel Erfolg!

Von 40 Punkten hast du _____ Punkte erreicht.

2 Gemeinde

2.1 Zusammenfassung zum Thema Gemeinde

Eine Gemeinde besteht aus Menschen, die in einem Ort wohnen und sich zu einer Gemeinschaft zusammengetan haben.

Kleine Gemeinden nennt man Dörfer, große Gemeinden - Städte.

Manchmal gehören auch mehrere Orte zu einer Gemeinde.

Die Landeshauptstadt München hat 25 Stadtteile, die wiederum aus verschiedenen Ortsteilen bestehen (z.B.: Schwabing, Bogenhausen, Zentrum, Haidhausen, Giesing, Pasing, Sendling, ...)

Man unterscheidet Einwohner und Bürger der Gemeinde. Einwohner sind alle in einer Gemeinde wohnenden Menschen. Einwohner, die das 18. Lebensjahr vollendet haben, nennt man Bürger.

Um die Aufgaben der Gemeinde kümmern sich der Bürgermeister und die Gemeinderäte. Sie werden alle 6 Jahre von allen Bürgern (über 18 Jahren) gewählt und sollen das Wohl ihrer Gemeinde fördern.

Gemeinderatssitzung

Ungefähr alle drei Wochen treffen sich die Gemeinderäte in kleineren Gemeinden zur Gemeinderatssitzung. In München hingegen finden die Sitzungen manchmal sogar mehrmals wöchentlich statt. In den Gemeinderatssitzungen beraten und beschließen Bürgermeister und Gemeinderat Angelegenheiten, die die Gemeinde und ihre Bürger betreffen.

Es gibt sowohl öffentliche als auch von der Öffentlichkeit ausgeschlossene Sitzungen.

Ablauf einer Gemeinderatssitzung:

Der Bürgermeister leitet die Sitzung ein.

1. Begrüßung, Eröffnung, Anwesenheitsprüfung.
2. Vorlesen der Tagesordnung.
3. Meinungsbildung, Diskussion.
4. Abstimmung (bei Stimmengleichheit wird der Antrag abgelehnt).
5. Der Bürgermeister fasst das Ergebnis zusammen.
6. Beendigung der Sitzung.

Es gibt in der Gemeinde verschiedene Ämter, bei denen die Bürger Hilfe bekommen. In München und anderen großen Städten werden diese Ämter auch **Referate** genannt!

Wo bekommen Bürger Hilfe:

Amt	**Zuständigkeit**
Standesamt	Heiraten, Geburten und Todesfälle melden.
Gewerbeamt	Ein Geschäft anmelden.
Fundamt	Gefundene Gegenstände werden dort aufbewahrt und können vom Besitzer abgeholt werden.
Passamt	Hier bekommt man einen neuen Pass.
Ausländeramt	Hier kann man eine Aufenthaltsgenehmigung, Arbeitserlaubnis, Daueraufenthaltsgenehmigung oder Verwandtennachzug beantragen
Ordnungsamt	Hier beschwert man sich über laute Nachbarn, nicht angeleinte Hunde und Ähnliches.
Einwohnermeldeamt	Hier meldet man sich, wenn man umgezogen ist und eine neue Adresse hat.
Steueramt	Hier klärt man alle Steuerfragen (Einkommenssteuer, Erbschaftssteuer, Hundesteuer).
Bauamt	Hier meldet man sich, wenn man ein Haus bauen möchte.
Jugendamt	Das Jugendamt hat den Auftrag, Kinder und Jugendliche vor Gefahren für ihr Wohl zu schützen (vor Misshandlung u.ä.).
Verkehrsamt	Das Verkehrsamt ist für alle Fragen rund um den Straßenverkehr zuständig.

Rechte der Bürger:

Die Bürger können bei Entscheidungen der Gemeinde mitwirken. Sie haben folgende Möglichkeiten:

* Wählen alle 6 Jahre (Bürgermeister, Gemeindebeirat, Stadtrat)
* Wiederwahl bei Zufriedenheit
* Sich selbst zur Wahl stellen
* Gespräche mit Politikern führen
* Leserbriefe schreiben
* Briefe an Politiker schreiben
* Bürgerbegehren, Bürgerentscheid

Bürgerbegehren und Bürgerentscheid:

Beispiel: Die Bürger wollen den Bau einer Windanlage verhindern:

Antrag an den Gemeinderat. Alle Bürger sollen darüber abstimmen = **Bürgerbegehren**. Bürger müssen Unterschriften sammeln. Wenn sich genügend Bürger anschließen, werden alle wahlberechtigten Einwohner aufgefordert **für** oder **gegen** die Windanlage abzustimmen. Sollte der Gemeinderat überstimmt werden, wird die Anlage nicht gebaut.

Bürgerbegehren = Unterschriftensammlung

Bürgerentscheid = Abstimmung der Bürger: demokratische Entscheidung.

Woher bekommt die Gemeinde Geld? Wofür braucht die Gemeinde Geld?

1) Woher bekommt die Gemeinde Geld?

- Miete, Gebühren und Abgaben (z.B. Müllgebühren, Parklizenzen, Abwassergebühren)
- Zuschüsse vom Land Bayern und dem Bund
- Lohn- und Einkommensteuern, Gewerbesteuer, Grundsteuer, Hundesteuer

2) Wofür braucht die Gemeinde Geld?

Für die Geldgeschäfte in der Gemeinde ist der **Kämmerer** zuständig. Er schreibt auch den **Haushaltsplan**. Die **Einnahmen** sollten größer sein als die **Ausgaben**, damit die Stadt keine Schulden machen muss.

Die Gemeinde übernimmt verschiedene Aufgaben für die Allgemeinheit, **weil sie für Einzelne zu teuer sind**. Außerdem benötigt man z. B. für den Straßenbau bestimmte Maschinen und ausgebildete Arbeiter, die sich ein Einzelner nicht leisten kann.

a) Ausgaben für Verwaltung, städtische Beamte, Angestellte und Arbeiter:

- Bauten der Stadt
- Straßenbau und Beleuchtung
- Wasserversorgung
- Gas und Strom
- Kanalisation
- Krankenhäuser
- Büchereien
- Friedhof

b) Sonstige Ausgaben, z.B. Investitionen und Unterhalt von :

- Schulen
- Kindergärten und Horten
- Waisenhäusern
- Umweltschutz
- Feuerwehr
- Müllabfuhr
- Schlachthof
- Verkehrsschilder, Verkehrsverbindungen, Bus, Bahn
- Flughafen, Bäder, Parks

Spezielle Info zur Gemeinde München:

Das Wappen der Gemeinde München ist ein Mönch.

München hat 1 475 569 (Stand: 30. Juni 2014) (1,5 Millionen).

Das Wahrzeichen der Stadt München ist der Liebfrauendom - auch Frauenkirche genannt.

Auf dem Ortseingangsschild steht: Landeshauptstadt München.

Sehr große Gemeinden heißen Städte. **München** ist nicht nur Gemeinde, sondern auch Landeshauptstadt von Bayern.

1. Oberbürgermeister: Dieter Reiter (SPD)

2. Bürgermeisterin: Josef Schmid (CSU)

3. Bürgermeister: Sabine Nallinger (Die Grünen)

Der Münchener Stadtrat besteht aus 80 Stadträten aus verschiedenen Parteien.

Folgende Parteien sind 2014 im Münchener Stadtrat vertreten: CSU, SPD, FDP, Grüne, Freie Wähler, ÖDP, AfD, , Die Linke , Rosa Liste, Bayernpartei, Wählergruppe HUT. Die letzte Kommunalwahl in München fand, wie in ganz Bayern, am **16. März 2014** statt. In München wurden zusätzlich zum Oberbürgermeister und zum Stadtrat auch noch die Bezirksausschüsse gewählt.

2.2 Grundschulproben zum Thema Gemeinde

2.2.1 Probe 1 zum Thema Gemeinde

1. Welche Aufgaben hat eine Gemeinde oder Stadt? Nenne bitte 5 Aufgaben!	5
2. Weshalb übernimmt die Gemeinde diese Aufgaben? Schreibe 2 Gründe auf!	2
3. Woher hat die Gemeinde das Geld für ihre Aufgaben? Überlege 4 Möglichkeiten!	4
4. Von wem wird eine Gemeinde geleitet?	2
5. Wie nennt man die Mitglieder einer Gemeinde und worin unterscheiden sie sich?	4

6. Wie heißt der Bürgermeister unserer Gemeinde/Stadt? ✎ ______________________________ ______________________________	1
7. Warum brauchen wir Stadträte und was erwarten wir von ihnen? ✎ ______________________________ ______________________________ ______________________________ ______________________________	2
8. Der Bürgermeister aus Schwindelhausen verkündet, dass seine Gemeinde im letzten Jahr folgende Leistungen getätigt hat: Schreibe richtig oder falsch daneben! (Denke an die Aufgaben der Gemeinde) • Schwindelhausen bekam ein neues Krankenhaus: __________ • Der Abwasserkanal wurde erneuert: __________ • Ein neues IMAX-Kino wurde gebaut: __________ • Ein Polizeiauto wurde angeschafft: __________ • Eine neue Tankstelle wurde gebaut: __________	5
9. Zu welcher Gemeinde (Stadtteil) gehört unsere Schule? ✎ ______________________________	1
10. Für verschiedene Angelegenheiten müssen die Bürger ins Rathaus. Nenne 4 Ämter, die im Rathaus (Kreisverwaltungsreferat) liegen? ✎ ______________________________ ______________________________ ______________________________ ______________________________	4

Viel Erfolg!

Von 30 Punkten hast du _____ Punkte erreicht.

Lösungen

Das ultimative Probenbuch

HSU

4. Klasse

9/2014

Inhaltsverzeichnis

1 Lösungen

1.1 Lösungen zum Thema Wir in der Welt - die Welt bei uns

1.1.1 Lösung von Probe 1 - Wir in der Welt - die Welt bei uns

1. **Notiere wo in der Welt deine Schule liegt.** Diese Punkte kannst du sicher alleine lösen und von deinen Eltern kontrollieren lassen!	3
2. **Benenne vier an Deutschland angrenzende Länder und deren Hauptstädte, indem du sie in der Karte nummerierst!** 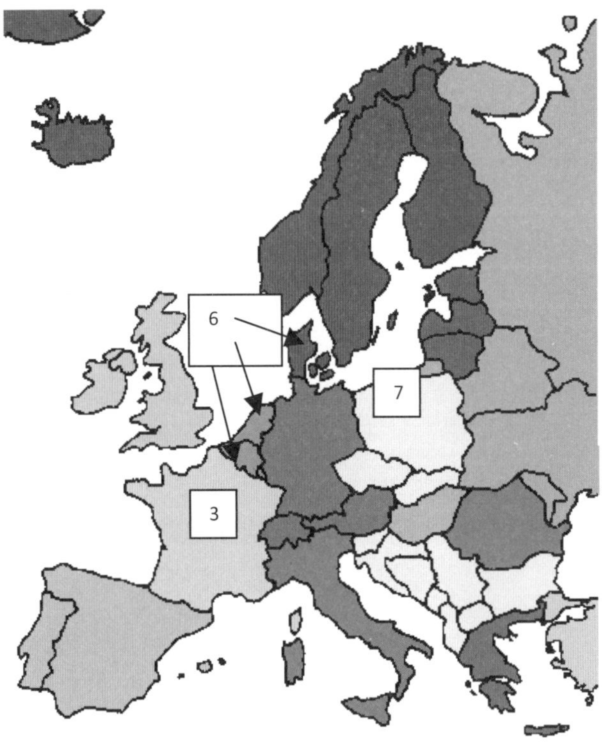 1. Österreich / Wien 2. Schweiz / Bern 3. Frankreich / Paris 4. Belgien / Brüssel 5. Niederlande / Amsterdam 6. Dänemark / Kopenhagen 7. Polen / Warschau	8
3. **Nenne 4 bayerische Regierungsbezirke und deren Hauptstädte:** Oberbayern/München; Niederbayern/Landshut; Oberpfalz/Regensburg; Schwaben / Augsburg; Mittelfranken/ Ansbach; Unterfranken / Würzburg, Oberfranken/ Bayreuth	8
4. **Wie heißt der Fastenmonat im Islam?** Er heißt Ramadan	1
5. **Welches Fest wird im Anschluss an den Fastenmonat gefeiert und wie lange dauert es?** Im Anschluss an den Ramadan wird das Zuckerfest gefeiert, es dauert 3 Tage lang.	2
6. **Wie verhalten sich gläubige Moslems während der Fastenzeit?** Während der Fastenzeit dürfen gläubige Moslems von Sonnenaufgang bis Sonnenuntergang weder essen noch trinken.	3

7.	**Das Weihnachtsfest wird in den Ländern Europas ganz unterschiedlich gefeiert. Von welchem Land ist die Rede?** England, Italien, Schweden, Griechenland	4
8.	**Nenne 3 Gründe weshalb Menschen aus anderen Ländern nach Deutschland kommen um hier zu leben!** Menschen aus anderen Ländern kommen nach Deutschland, weil sie in ihrer Heimat keinen Job finden, verfolgt werden und / oder in ihrer Heimat Krieg herrscht.	3
9.	**Gibt es auch Deutsche, die von Deutschland wegziehen, um woanders zu leben?** Es wandern jährlich über 100.000 Deutsche aus, die hoffen wo anders ein besseres Leben zu führen.	2
10.	**Nenne die 6 Kontinente der Erde!** Asien, Afrika, Nordamerika, Südamerika, Europa, Australien (je nach Lehrer Antarktis)	6

1.1.2 Lösung von Probe 2 – Wir in der Welt – die Welt bei uns

1.	**Welches typische Gericht fällt dir zu folgenden Ländern ein?** Italien **Pizza/ Spaghetti** Frankreich **Baguette, Schnecken** Spanien **Paella** Japan **Sushi/Reis** Wie heißt das wichtigste und meist gegessene Getreide der Welt? **Reis**	5
2.	**Ramadan und Zuckerfest – trage ein: richtig (r) oder falsch (f)!** Ramadan und Zuckerfest - schreibe richtig (r) oder falsch (f) r Ramadan ist der Fastenmonat im Islam f Erwachsene essen im Ramadan nur nachmittags f Während des Ramadans trinken die Gläubigen nur Tee f Das Zuckerfest wird vor dem Ramadan gefeiert r Das Zuckerfest dauert 3 Tage r Das Zuckerfest beherrschen Tanz, Theater, Musik und Besuche	3
3.	**Nenne jeweils die entsprechenden Feste, die irgendwo auf der Erde gefeiert werden:** 6. Januar: Heilige 3 Königsfest; Weihnachtsfest in versch. Ländern 31. Oktober Reformationsfest, Halloween 1. November Allerheiligen 25. Dezember Weihnachtsfest in vielen Ländern	4
4.	**Europa** a) Länder in Europa: **46** (47 mit Türkei, der Hauptteil liegt aber in Asien) b) Durch welche Meere oder Gebirge wird Europa begrenzt? Norden: **Nordsee** Osten: **Uralgebirge** Süden: **Mittelmeer** Westen: **Atlantik** c) Die Europäische Union wurde **1957** in **Rom** gegründet	6
5.	**Nenne die 7 Regierungsbezirke Bayerns!** Oberbayern, Niederbayern, Schwaben, Oberpfalz, Unterfranken, Mittelfranken, Oberfranken	7
6.	**Welche Bundesländer grenzen an Bayern?** Baden-Württemberg, Hessen, Thüringen, Sachsen	4
7.	**Nenne 3 Länder und deren Hauptstädte, die an Bayern grenzen!** Österreich/Wien, Schweiz/Bern, Tschechien/Prag	6
8.	**Welche zwei Sprachen sind auf der Erde am weitesten verbreitet?** Englisch und Spanisch	2
9.	**Nenne den größten und den kleinsten Kontinent der Erde:** Der kleinste Kontinent ist Australien , der größte Kontinent ist Asien	2
10.	**Vervollständige den Lückentext!** Auch Kinder haben Rechte. Sie wurden von den Vereinten Nationen im Jahr 1989 niedergeschrieben. Alle Kinder haben das Recht, zur Schule zu gehen. Gewalt gegen Kinder ist verboten! Jedes Kind hat das Recht, seine Meinung frei zu äußern. Jedes Kind hat das Recht, mit seiner Mutter oder seinem Vater zu leben. Jedes Kind hat das Recht auf Unterstützung und Hilfe, wenn es schlecht behandelt wird.	4

1.1.3 Lösung von Probe 3 - Wir in der Welt - die Welt bei uns

1. **Zeichne die europäische Flagge!** 	1
2. **Weshalb wurde die Europäische Union gegründet?** Die Europäische Union (EU) wurde ursprünglich als Europäische Wirtschaftsunion gegründet. Ziel der EWG war die Gründung eines gemeinsamen Marktes, in dem sich Waren, Dienstleistungen, Kapital und Arbeitskräfte frei bewegen konnten.	3
3. **Nenne europäische Länder, die nicht in der EU sind!** Die Schweiz, Russland, Türkei, Norwegen, Monaco, Vatikan ... sind keine Mitgliedsstaaten der EU.	2
4. **Nenne die 6 Gründungsstaaten der EU!** Deutschland, Frankreich, Italien, Belgien, Niederlande, Luxemburg	6
5. **Wie viele Regierungsbezirke hat Bayern und wie heißen diese?** Bayern hat 7 Regierungsbezirke: Oberbayern, Niederbayern, Schwaben, Oberpfalz, Unterfranken, Mittelfranken, Oberfranken.	7
6. **Welche Bundesländer grenzen an Bayern?** Baden-Württemberg, Hessen, Thüringen, Sachsen.	4
7. **Gelten die Kinderrechte nur in Deutschland?** Die Kinderrechte gelten für alle Länder der Vereinten Nationen.	1

8. **Nenne 3 Kinderrechte:** • Gesundheit • Ernährung • Freiheit • Schule, Bildung und Ausbildung • Freizeit, Spielen und Ruhe • Gleichbehandlung und Schutz vor Ausgrenzung • Schutz vor Grausamkeit und Gewalt im Krieg und auf der Flucht • Sich zu informieren, mitzuteilen und gehört zu werden • Eine Familie, eine Heimat und ein sicheres Zuhause • Eine gute Betreuung bei Behinderung • Gewaltfreie Erziehung • Rückzugsmöglichkeiten	3
9. **Welche Kinderrechte werden hier verletzt?** Recht auf Gesundheit, Recht auf Schule und Bildung, Recht auf Freizeit und Spielen.	3
10. **Auf welchem Kontinent leben wir? Nenne 3 weitere Kontinente!** Wir leben in Europa, weitere Kontinente sind Asien, Nordamerika, Südamerika, Afrika, Australien.	4
11. **Welche Bedeutung hat Ramadan?** Der Ramadan ist die Fastenzeit der gläubigen Moslems. Während des Ramadans darf von Sonnenaufgang bis Sonnenuntergang weder gegessen noch getrunken werden.	3
12. **Welches internationale Fest kennst du noch? Beschreibe kurz!** Das Zuckerfest wird im Anschluss an den Ramadan gefeiert. Es dauert 3 Tage lang und die Menschen feiern mit gutem Essen und Tanz, die Jüngeren besuchen die älteren Verwandten. (Weitere internationale Feste: Weihnachten, Halloween ...).	3

1.2 Lösungen zum Thema Gemeinde

1.2.1 Lösung zur Probe 1 Gemeinde

1. **Welche Aufgaben hat eine Gemeinde oder Stadt? Nenne bitte 5 Aufgaben!** Feuerwehr, Schule, Spielplatz, Abwasser, Straßen, Schwimmbad, Parks.	5
2. **Weshalb übernimmt die Gemeinde diese Aufgaben? Schreibe 2 Gründe auf!** Die Gemeinde übernimmt diese Aufgaben, weil sie für Einzelne zu teuer sind. Außerdem benötigt man z. B. für den Straßenbau bestimmte Maschinen und ausgebildete Arbeiter.	2
3. **Woher hat die Gemeinde das Geld für ihre Aufgaben? Überlege 4 Möglichkeiten!** Grundsteuer, Hundesteuer, Lohnsteuer, Gewerbesteuer.	4
4. **Von wem wird eine Gemeinde geleitet?** Bürgermeister, Stadträte.	2
5. **Wie nennt man die Mitglieder einer Gemeinde und worin unterscheiden sie sich?** Einwohner und Bürger. Einwohner sind alle, die in einer der Gemeinde zugeordneten Ortschaft leben, Bürger hingegen sind nur diejenigen Einwohner, die wahlberechtigt sind.	4
6. **Wie heißt der Bürgermeister unserer Gemeinde/Stadt?** München aktuell 2014: Dieter Reiter Oberbürgermeister. (Wahlen waren März 14)	1
7. **Warum brauchen wir Stadträte und was erwarten wir von ihnen?** Stadträte werden benötigt, damit Entscheidungen für die Stadt getroffen werden können. Ihre Entscheidungen sollten sie sich immer gut überlegen. Die Entscheidung sollte objektiv, für alle von Nutzen sein und keine persönlichen Interessen verfolgen.	2
8. **Der Bürgermeister aus Schwindelhausen verkündet, dass seine Gemeinde im letzten Jahr folgende Leistungen getätigt hat: Schreibe richtig oder falsch daneben! (Denke an die Aufgaben der Gemeinde).** Der Bürgermeister aus Schwindelhausen verkündet, dass seine Gemeinde im letzten Jahr folgende Leistungen getätigt hat: Schreibe richtig oder falsch daneben! (Denke an die Aufgaben der Gemeinde) Schwindelhausen bekam ein neues Krankenhaus: wahr Der Abwasserkanal wurde erneuert: wahr Ein neues IMAX-Kino wurde gebaut: falsch Ein Polizeiauto wurde angeschafft: falsch (Ländersache) Eine neue Tankstelle wurde gebaut: falsch	5
9. **Zu welcher Gemeinde (Stadtteil) gehört unsere Schule?** Je nach Ort unterschiedlich!	1
10. **Für verschiedene Angelegenheiten müssen die Bürger ins Rathaus. Nenne 4 Ämter, die im Rathaus (Kreisverwaltungsreferat) liegen?** Standesamt, Gewerbeamt, Einwohnermeldeamt, Bauamt, Sozialamt	4

1.2.2 Lösung zur Probe 2 Gemeinde

1. **Welche Aufgaben gehören nicht zum Aufgabenfeld einer Gemeinde: Streiche durch.** Müllabfuhr · ~~Polizei~~ · Beleuchtung · ~~Reitställe~~ Feuerwehr · ~~Kinoprogramm~~ · Seniorenheime · Straßenbau	4
2. **Nenne 4 weitere Beispiele für Aufgaben der Gemeinde!** Verkehrsschilder, Schule, Spielplatz, Abwasser, Schwimmbad, Parks, Krankenhäuser ...	4
3. **Wie wird man Bürgermeister?** Man muss sich auf die Wahlliste setzen lassen. Wer die meisten Stimmen der Bürger (Wahlberechtigten) erhält, wird Bürgermeister.	3
4. **Von wem wird der Bürgermeister gewählt und wie lange ist seine Amtszeit?** Der Bürgermeister wird von den Bürgern der Gemeinde für 6 Jahre gewählt.	2
5. **Wenn bei einem Bürgerentscheid nicht mindestens jeder zehnte Bürger teilnimmt, ist er nicht erfolgreich. Versuche zu begründen!** Es sind dann viele Bürger (über 90 %) nicht für diesen Bürgerentscheid.	2
6. **Welche Mitbestimmungsmöglichkeiten haben die Bürger?** Bürgerentscheid, Bürgerbegehren, Wahl des Bürgermeister und des Gemeinderates.	3
7. **Wann wird ein Antrag im Gemeinderat abgelehnt?** Ein Antrag wird abgelehnt, wenn er in der Gemeinderatsitzung keine Mehrheit findet.	2
8. **Nenne einen Gemeindemitarbeiter und beschreibe dessen Aufgabe!** Ein Standesbeamter traut Paare und stellt Geburtsurkunden aus.	2
9. **Für verschiedene Angelegenheiten müssen die Bürger ins Rathaus. Nenne zu den untenstehenden Beispielen das entsprechende Amt.** Nina braucht einen Kinderpass. – Einwohnermeldeamt Familie Bauer will ein Haus bauen. – Bauamt Paul und Pauline möchten heiraten. – Standesamt Familie Maier zieht in deine Stadt. – Einwohnermeldeamt	4
10. **Woher bekommt die Gemeinde ihr Geld? Nenne die beiden Einnahmegruppen und je ein Beispiel!**	4

Einnahmen	**Beispiel**
Steuern	Einkommensteuer, Hundesteuer, Grundsteuer, Gewerbesteuer
Gebühren	Strom, Gas, Wasser, Müllabfuhr

1.2.3 Lösung zur Probe 3 Gemeinde

1. **Was ist eine Gemeinde? Erläutere den Begriff?** In einer Gemeinde haben sich Menschen, die in einem Ort oder dessen Nähe wohnen, zu einer Gemeinschaft zusammengeschlossen	2
2. **Von wem wird eine Gemeinde geleitet?** Eine Gemeinde wird vom Bürgermeister und dem Gemeinderat verwaltet.	2
3. **Welche Ämter gibt es im Rathaus? Nenne 4 Beispiele!** Standesamt, Gewerbeamt, Einwohnermeldeamt, Bauamt.	4
4. **Kreuze die richtige Aussage an!** ☒ Der Bürgermeister wird von allen Bürgern gewählt.	1
5. **Von wem wird der Stadtrat gewählt?** Auch der Stadtrat wird von den Bürgern gewählt.	1
6. **Was ist der Unterschied zwischen Einwohner und Bürger einer Gemeinde?** Einwohner sind alle, die in einer der Gemeinde zugeordneten Ortschaft leben. Bürger hingegen sind nur diejenigen Einwohner, die wahlberechtigt sind.	2
7. **Woher kommt das Geld um die Kosten der Gemeinde zu decken?** Einkommensteuer, Hundesteuer, Grundsteuer, Gewerbesteuer	2
8. **Für welche Aufgaben ist die Gemeinde zuständig? Nenne 4 Beispiele!** Feuerwehr, Schule, Spielplatz, Abwasser, (Straßen, Schwimmbad, Parks)	4
9. **Ablauf einer Gemeinderatssitzung:** Der Bürgermeister leitet die Sitzung ein. • Begrüßung, Eröffnung, Anwesenheitsprüfung • Vorlesen der Tagesordnung • Meinungsbildung, Diskussion • Abstimmung (bei Stimmengleichheit wird der Antrag abgelehnt) • Der Bürgermeister vollzieht den Beschluss, d.h. er fasst zusammen, was beschlossen wurde. • Beendigung der Sitzung	6
10. **Wie alt musst du sein, damit du einen Gemeinderat oder Bürgermeister wählen darfst?** Wahlberechtigte Personen müssen mindestens 18 Jahre alt sein	1
11. **Sind alle Gemeinderatssitzungen öffentlich?** Nein, es gibt auch Gemeinderatssitzung unter Ausschluss der Öffentlichkeit.	1
12. **Eine Entscheidung des Gemeinderats hat Gültigkeit-** Eine Gemeinderatssitzung hat Gültigkeit, nach einer mehrheitlichen Abstimmung.	1
13. **Für welchen Zeitraum wird der Gemeinderat gewählt?** Der Gemeinderat wird für eine Zeitraum von 6 Jahren gewählt	1
14. **Erkläre den Unterschied zwischen Bürgerbegehren und Bürgerentscheid!** **Bürgerbegehren** = Unterschriftensammlung **Bürgerentscheid** = Abstimmung der Bürger: demokratische Entscheidung.	2

1.2.4 Lösung zur Probe 4 Gemeinde

1. Alle **Kinder**, Jugendliche und Erwachsene, die in einer **Gemeinde** leben, nennt man **Einwohner**. Menschen über 18 Jahre nennt man **Bürger**. Sie dürfen alle, sofern sie EU-Bürger sind und mindestens 3 Monate in der Gemeinde leben, alle **6** Jahre den **Bürgermeister** und den **Stadtrat** wählen. Man spricht bei dieser Wahl von der **Kommunalwahl**.	4
2. **Woher bekommt unsere Gemeinde ihr Geld?** Die Gemeinde bekommt ihr Geld durch Steuern (Gewerbesteuer, Hundesteuer, Lohnsteuer) und durch Gebühren (Passgebühren, Müllgebühren, Parklizenzen).	2
3. **Setze ein:** Menschen, die in einem Ort wohnen, gehören zu einer **Gemeinde**.	1
4. **Wie viele Stadträte/ Gemeinderäte hat deine Stadt / Gemeinde?** Variabel, lass es dir bitte von deinen Eltern beantworten, denn jede Stadt hat andere Stadträte! München hat 80 Stadträte.	1
5. **Wie heißen der Bürgermeister und seine 2 Stellvertreter deiner Stadt/Gemeinde?** Antwort ist unterschiedlich -> frag bitte deine Eltern ob dein Ergebnis stimmt. **München**: Stand 2014 Oberbürgermeister Dieter Reiter, 2. Bürgermeister Josef Schmid, 3. Bürgermeisterin Christine Strobl	2
6. **Wie kann ein Bürgermeister Behinderten das Leben in seiner Gemeinde erleichtern? (2 Möglichkeiten):** Bau von Aufzügen in gemeinnützigen Anlagen, Förderung von Behindertensport, rollstuhlgerechte Bürgersteige mit Rampen.	2
7. **Welches Amt ist zuständig. Fülle aus. Manche Ämter können auch mehrmals vorkommen!** Standesamt - Standesamt- Ausländerbehörde/ Ausländeramt - Bauamt - Gewerbeamt - Fundamt - Einwohnermeldeamt - Ordnungsamt - Standesamt.	9

8. **Die Schüler der Dorfschule in Apfelhausen hätten gerne einen neuen Sandkasten. Wer entscheidet darüber, ob dieser aufgestellt werden darf?** Der Bürgermeister und die Gemeinde.	2
9. **Was ist Demokratie? Kreuze an, was zutrifft:** X wirken alle mit O ist einer für alle verantwortlich X entscheidet die Mehrheit O bestimmt nur einer X trägt jeder Verantwortung O entscheidet der, der Geld hat	3
10. **Ergänze den Lückentext:** Der **Kämmerer** ist für die Geldgeschäfte in der Gemeinde zuständig. Er schreibt den **Haushaltsplan**. Die **Einnahmen** sollten größer sein als die **Ausgaben**, damit die Stadt keine Schulden macht.	4
11. **Heute ist Wahltag und Papa und Mama haben gar keine Lust zu wählen. Warum sollten sie es dennoch tun?** Die Möglichkeit zu wählen, gibt es nicht in allen Ländern. Jeder sollte sich an der Politik seines Landes beteiligen und auch seine Ideen einbringen. Dies kann er durch die Teilnahme an einer Wahl tun.	1

1.3 Lösungen zum Thema Stadtgeschichte München

1.3.1 Lösung von Probe 1 - Stadtgeschichte München

1. **Was ist auf dem Münchner Stadtwappen zu sehen? Beschreibe genau!** Das Münchner Kindl, es stellt einen Mönch dar, der in der linken Hand ein Buch mit den Stadtrechten hält und die rechte Hand zum Schwur hebt.	3
2. **Weshalb wurde diese Figur gewählt?** Die ersten Siedler in München waren Mönche, die hierher kamen, um den christlichen Glauben zu verbreiten. Daran soll die Figur erinnern.	2
3. **Welchem bayerischen Herzog gelang es, München bekannt zu machen?** Herzog Heinrich der Löwe.	1
4. **Wie erreichte dies der Herzog? Kurze Erklärung!** Der Herzog ließ eine neue Brücke bauen und ließ die „alte Isarbrücke" niederbrennen. Er verlangte von jedem Fuhrwerk Zoll, das über die Brücke fuhr.	3
5. **Wie lautet das Gründungsjahr Münchens?** Das Gründungsjahr war 1158.	1
6. **Welcher Kaiser stellte hierfür die Gründungsurkunde aus?** Kaiser Friedrich Barbarossa.	1
7. **Welche Rechte verlieh der Herzog der Stadt? Erläutere sie kurz!** Münzrecht: Münzen dürfen geprägt werden. Zollrecht: Es dürfen Zölle erhoben werden. Marktrecht: Am Markt dürfen Waren (Eier, Obst, Tiere Getreide ...) angeboten werden.	3
8. **Was war damals das kostbarste Gut der Münchner und wozu wurde es genutzt?** SALZ. Es war lebensnotwendig zum Würzen von Speisen, zum Konservieren und zum Einsalzen, um Fäulnis zu verhindern.	4
9. **Weshalb fällt der Herzog beim Kaiser in Ungnade?** Als der Kaiser den Herzog an seine Pflichten erinnert und diesen um Hilfe im Krieg gegen Italien bittet, weigert sich dieser Unterstützung zu leisten.	3

10. Wie heißt das Geschlecht, das ab 1180 nach Chr. in Bayern regiert? 1180 übernehmen die Wittelsbacher die Herrschaft in Bayern.	1
11. Wie lange wird Bayern von diesem Geschlecht regiert? Die Wittelsbacher regieren in Bayern 800 Jahre lang.	1
12. Wodurch sollte die Stadt vor Feinden und Gefahren geschützt werden? Zum Schutz vor Feinden wurde eine Stadtmauer gebaut.	1
13. Aus welchen Völkern sind die Bajuwaren entstanden? Das Volk der Bajuwaren entstand aus den Kelten, Römern und Germanen.	3
14. Die Bajuwaren lebten in kleinen Siedlungen in den Isarauen, die sie nach ihrem Sippenältesten benannten. Welche Siedlungen kennst du und nach wem wurden sie benannt? Nenne 3 Beispiele! Schwabing - Swapo, Sendling - Sentilo, Giesing - Kyso (Föhring - Fero, Menzing - Manzo, Haidhausen - Haito ...). **Achte auf die Rechtschreibung! Oftmals Punktabzug!**	6

1.3.2 Lösung von Probe 2 - Stadtgeschichte München

1. **Welches Volk hat sich vor mehreren Jahrhunderten rund um München angesiedelt? Zu welcher Zeit war dies?** Ca. 500 nach Chr. siedelten sich die Bajuwaren rund um München an.	2
2. **Nenne den Sippenältesten, der Schwabing gegründet hat?** Swapo, nach ihm wurde die Siedlung Swapinga genannt - heute Schwabing.	1
3. **Welche heutigen Stadtteile kennst du, die auch nach den früheren Stammesführern benannt worden sind? Nenne 3 Stadtteile!** Pasing, Giesing, Obermenzing, Föhring, Sendling.	3
4. **Welche Siedler zogen vor knapp 900 Jahren nach München!** Die Benediktinermönche zogen vor knapp 900 Jahren nach München.	1
5. **Wo bauten sie ihre erste Kirche/Kloster und weshalb bauten sie diese genau an diesem Ort? Erkläre kurz!** Sie bauten die erste Kirche und ein Kloster auf dem ‚Petersbergerl', da sie dort vor dem Hochwasser der Isar geschützt waren.	3
6. **Wie heißt diese Kirche heute?** Die Kirche heißt Alter Peter.	1
7. **Wie entstand der Name München?** Zunächst hieß der Ort Munichen, durch schnelle Aussprache wurde daraus im Laufe der Zeit München.	2
8. **Fülle die Lücken im Text!** Herzog Heinrich der Löwe ist der Gründer der Stadt München. Kaiser Friedrich Barbarossa stellte hierfür am 14. Juni 1158 die Stadtgründungsurkunde aus. Um sich vor Feinden und Gefahren zu schützen, erbaute man die erste Stadtmauer um München. Dies geschah im Jahr 1175.	8
9. **Der Herzog verlieh München folgende Rechte:** Der Herzog verlieh der Stadt folgende Rechte: Münzrecht, Zollrecht, Marktrecht, Gerichtsrecht.	3

10. Wodurch entstand der Wohlstand in München? Heinrich der Löwe baute eine neue Brücke und ließ die alte Brücke der Feringa abbrennen. Anschließend verlangte er Fuhrzölle von jedem Fuhrwerk, das über die Brücke fuhr.	3
11. Hatte München auch Abgaben zu leisten? München musste 1/3 seiner Einnahmen an Otto von Freising abgeben, den er durch das Abbrennen der Brücke sehr geschädigt hat.	2
12. Wie kommt das Geschlecht der Wittelsbacher in Bayern an die Macht? Die Wittelsbacher bekommen für ihre Verdienste im Krieg gegen Italien im Jahr 1180 Bayern geschenkt.	2
13. Nenne 3 Herrscher aus dem Geschlecht der Wittelsbacher? Otto I. von Wittelsbach, Ludwig der Strenge, Ludwig der Bayer.	3

1.3.3 Lösung von Probe 3 - Stadtgeschichte München

1. **Erkläre in eigenen Worten die Entstehung Münchens!** Ca. 500 nach Chr. siedelten sich die Bajuwaren rund um München an. Viele Stadtteile haben heute noch ihren Namen aus dieser Zeit. Sie waren jeweils nach dem Sippenältesten benannt. Später kamen Benediktinermönche nach München, um den christlichen Glauben zu verbreiten. Von ihnen erhielt ‚Munichen' seinen Namen, und bis heute ist ein Mönch (Münchener Kindl) im Wappen Münchens zu sehen.	6
2. **Erkläre den Aufschwung Münchens!** Der Herzog Heinrich der Löwe ließ eine neue Brücke bauen und verlangte von jedem Fuhrwerk Zoll, das über die Brücke fuhr. Unter Heinrich dem Löwen erhielt München das Markt-, Zoll- und Münzrecht. Dies führte dazu, dass immer mehr Menschen nach München zogen und den Handel ankurbelten.	6
3. **Welche Herrscher waren dafür zuständig, das München immer schöner und größer wurde!** Ludwig der Strenge, Ludwig der Bayer.	2
4. **Wie haben sie München verschönert?** Sie bauten Burgen und Schlösser, den alten Hof, die Residenz, den Frauendom. Unter ihrer Herrschaft erblüht München weiter und wird größer und schöner.	2
5. **Weshalb wurde die 2. Stadtmauer gebaut?** Die zweite Stadtmauer wurde erbaut, weil immer mehr Handwerksleute nach München zogen und München immer größer und enger wurde.	2
6. **Welche Bedeutung hatte das ‚Einlasstor'?** Mit dem Abendläuten wurden alle Tore verschlossen. Das Einlasstor war ursprünglich das einzige Tor, durch das die Menschen in München **abends** dann noch Einlass fanden, allerdings mussten sie dem Wächter dafür 5 Kreuzer zahlen.	1
7. **Nenne 4 Tore oder Türme der ersten Stadtmauer!** Schäfflerturm, Kufringer Tor (Schöner Turm), Krümblinsturm, Talbrucktor, Blauententurm, Löwenturm.	4
8. **Nenne 4 Tore oder Türme der zweiten Stadtmauer!** Neuhausertor, Isartor, Sendlinger Tor, Schwabinger Tor.	4
9. **Nenne die 4 ältesten Straßen in München?** Dienerstraße, Weinstraße, Burggasse, Rindermarkt, Rosengasse.	4
10. **Welches Münchner Stadttor ist das Einzige, das in seiner alten Form einigermaßen erhalten geblieben ist?** Das Isartor ist das einzige Tor, das heute noch fast genauso aussieht wie früher.	1
11. **Welcher Tag gilt als der Geburtstag Münchens?** Am 14. Juni 1158.	1
12. **Wer stellte die Gründungsurkunde aus?** Kaiser Friedrich Barbarossa stellte die Gründungsurkunde aus.	1

1.3.4 Lösung von Probe 4- Stadtgeschichte München

1) Noch heute kann man die bajuwarischen Siedlungen an der Endung „ing" erkennen. Fülle die Tabelle richtig aus!	9

Name des Stadtteils heute	Name der Siedlung früher	Sippenältester
Föhring	Feringa	Fero
Schwabing	Schwapinga	Swapo
Sendling	Sentilinga	Sentilo

2) Aus welcher Sprache kommt der Name „Isar" und was bedeutet er? Der Name Isar kommt aus dem Lateinischen. Isaria bedeutet „die Reisende".	2
3) Wann kamen die ersten Mönche in die Gegend von München? Kreuze an!	1

	500 vor Christus
	520 nach Christus
	1120 vor Christus
	1809 nach Christus
X	900 nach Christus

4) Auf einer kleinen Anhöhe im Isartal wurde eine Kirche erbaut. Wem wurde diese geweiht? Die Kirche wurde dem heiligen Petrus geweiht.	1
5) Nenne zwei Tortürme, welche die Hauptgassen von Munichen absperrten!	2

Talbruckturm	Blau-Enten-Turm

6) Welches Jahr gilt als Gründungsjahr Münchens? Das Jahr 1158 gilt als Gründungsjahr Münchens.	1
7) Welche zwei einflussreichen Männer stritten sich damals um den sogenannten Brückenzoll? Bischof von Freising / Herzog Heinrich der Löwe	2

1.4 Lösungen zum Thema Müll

1.4.1 Lösung von Probe 1 - Müll

1. **Was ist die Bedeutung des Wortes „Recycling"?** Recycling bedeutet wiederverwerten / Wiederverwertung, indem man aus alten Dingen neue herstellt.	2
2. **Erkläre, was eine Mehrwegflasche ist!** Mehrwegflaschen sind Flaschen, die mehrmals benutzt werden. Man gibt sie im Laden wieder ab, sie werden gereinigt, neu befüllt und wieder verkauft.	2
3. **Wir sammeln unser Glas in Glascontainern auf den Wertstoffinseln. Was geschieht damit?** Das Glas wird abgeholt; in die Glashütte gebracht; dort wird es zerkleinert; Sand, Kalk und Soda werden dazu gemischt; es wird geschmolzen und wieder geformt. (Kein Fensterglas!)	3
4. **Richtig (R) oder falsch (F). Schreibe den richtigen Buchstaben in den Kreis!** **F** Kleine Mengen an Sondermüll schaden der Umwelt gar nicht. **R** Sondermüll ist giftig und wird extra entsorgt. **F** Der Inhalt des Glascontainers wird in die Kompostierungsanlage gebracht. **R** Gekochte Abfälle gehören in den Restmüll und nicht in den Kompost.	2
5. **Nenne 4 Wertstoff-Arten! Begründe, warum man Wertstoffe wiederverwertet!** Biomüll, Altpapier, Glas und Blech. Wir verwenden Dinge wieder, da wir den entstehenden Müll gar nicht mehr beseitigen können und die Umwelt so weniger belastet wird.	4
6. **Nenne vier Nachteile einer Mülldeponie und begründe diese.** Trotz großer Bemühungen ist eine Geruchsbelästigung nicht zu vermeiden. Sie verbraucht viel Platz und sieht nicht schön aus. Ungeziefer wird angezogen. Es kommt zu Lärmbelästigung und kann auch zu Verwehungen kommen.	4
7. **Beschreibe den Kreislauf des Biomülls!** Die Müllabfuhr holt den Biomüll ab und bringt ihn zur Kompostierungsanlage. Die Bakterien, Würmer, Pilze und Insekten zersetzen den Müll. Innerhalb von 2 Jahren entsteht nährstoffreiche Erde, die gut als Blumenerde verwendet werden kann.	6
8. **Der überwiegende Teil des Restmülls kommt zur Müllverbrennungsanlage. Nenne zwei negative und einen positiven Aspekt einer solchen Anlage!** **Positiv**: Die Müllmenge wird enorm verringert. **Negativ**: es entstehen große Mengen Rauch, die aufwendig durch Filter gereinigt werden müssen. Die Ascheteilchen aus dem Filter müssen auf die Sondermülldeponie. Auch entstehen giftige Gase.	3

1.4.2 Lösung von Probe 2 - Müll

1. **Kreuze die RICHTIGEN Antworten an. Wohin gehört dieser Müll?** O Peter wirft die leere Sprühlackdose in den Kunststoffcontainer. O Die Coladose sammelt Hans mit den Kunststoffen. X Die alte Zeitung wirft Paula jeden Morgen in die blaue Papiertonne. X Die Spaghetti mit Soße wirft mein Vater in die Restmülltonne. O Onkel Beppo bringt die zerbrochene Glasscheibe zum Glascontainer. X Petra wirft die rohen Kartoffelschalen in die Biotonne. X Hannah wirft die Bananenschale in die Biotonne.	4
2. **Erkläre die Begriffe und gebe jeweils 2 Beispiele!** Unter **Problemmüll** versteht man umweltschädlichen Müll, der giftig ist. Z. B. **Lacke** oder **Chemikalien**. **Wertstoffmüll** ist Müll den man recyceln auf dem Wertstoffhof oder der Wertstoffinsel kann. Z. B. **Glasflaschen, Plastik, Papier** **Restmüll** ist all der Müll, der nicht in einem bestimmten Container recycelt oder entsorgt werden kann. Z. B. **Windeln, gekochte Speisen**.	6
3. **Die Mülldeponie:** **a) Was befindet sich am Grund einer Mülldeponie und warum?** Eine Folien, Lehm oder Tonschicht. Beide Schichten sollen verhindern, dass Gifte oder verunreinigtes Wasser (Sickwasser) in das Grundwasser sickern kann. **b) Wie wird in einer Mülldeponie der Müll beseitigt?** Ein riesiges Loch wird ausgehoben und mit einer Tonschicht und einer starken Folie abgedichtet, um das Grundwasser vor Giften zu schützen. Dann werden auf dem Boden Rohre verlegt, damit das schmutzige Sickwasser nicht hochsteigen kann. Das Sickwasser wird abgepumpt und in einer Reinigungsanlage gereinigt. Da durch den Restmüll auch Gase entstehen baut man auch einen Gasbrunnen. Dieser führt die Gase an die Erdoberfläche, wo sie verbrannt werden und teilweise zur Stromerzeugung genutzt werden. Jetzt kommt auf den Boden eine Kiesschicht, dann kann der Müll abgeladen werden. Ein Kompaktor zerkleinert den Müll und verdichtet ihn. So reduziert sich die Müllmenge um 1/3. Oft wird zwischen die einzelnen Schichten Bauschutt geladen, damit es nicht so stinkt. Auf manche Müllberge kommt Erde und sie werden bepflanzt.	7

4.	**Erkläre genau, wie die Müllverbrennungsanlage funktioniert!** Der Lastwagen lädt den Müll in einen Schacht. Der Müll wird im Müllbunker gesammelt. Der Kran befördert den Müll zur Brennkammer. Hier wird der Müll bei 1000 Grad Celsius verbrannt. Ein Band befördert die Reste zu einem Magneten, der das Metall heraus zieht. Der Metallschrott wird durch einen Schacht auf einen LKW geschüttet (zur Wiederverarbeitung). Die restliche Asche (Schlacke) wird am Ende des Bandes durch einen Schacht auf einen anderen LKW geladen (zur Mülldeponie). Bei der Verbrennung entstehen giftige Gase und kleine Ascheteilchen, die die Umwelt verschmutzen. Deshalb muss der Rauch gefiltert werden. Der Dreck aus dem Filter gehört in den Sondermüll!	6
5.	**Was alles soll in die braune Biotonne? Nenne 4 Beispiele!** Bananenschalen, Obstreste, Kaffeesatz, Gartenabfälle, Gemüsereste, Eierschalen.	2
6.	**Notiere zwei Container und beschreibe was hinein kommt!** **Glascontainer**: Flaschen und Glas **Kunststoffcontainer**: Plastiktüten, Joghurtbecher, Shampooflaschen, Plastikflaschen (ohne Pfand).	2

1.4.3 Lösung von Probe 3 - Müll

1. **Beschrifte!** — 3

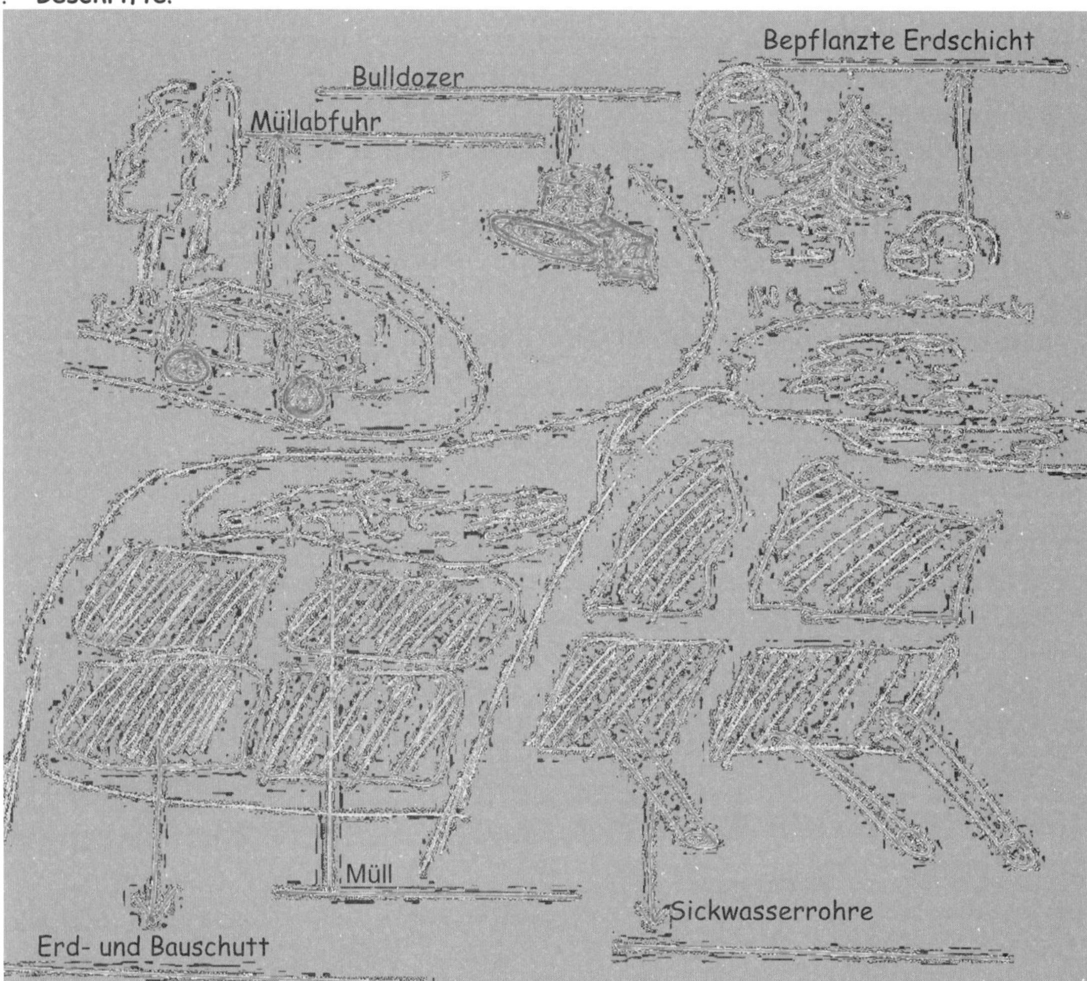

2. **Erkläre den Begriff „Recycling"! Nenne 3 Möglichkeiten des Recycling und erkläre diese genau!** — 7

Recycling bedeutet, dass man aus alten Dingen neue macht, auch Abfallverwertung genannt.(1P)
Aus Biomüll macht man wieder Erde = Humus, dazu tragen kleine Lebewesen wie Würmer und die Witterung bei. (2P)
Aus Altpapier entsteht neues Papier; das Altpapier wird zerkleinert und mit Wasser gemischt, es entsteht ein Papierbrei. Fremde Stoffe werden entfernt. In der Papiermaschine wird der Brei gewalzt bis neue Bögen Rohpapier entstehen. (2P)
Blechdosen werden bei großer Hitze geschmolzen und wieder zu neuen Dosen in Form gegossen. (Recycling 1 Punkt, Beispiel 1P + Erklärung 1P)

3. **In vielen Gemeinden haben wir das drei Tonnen System, nenne zwei Tonnen und jeweils zwei Beispiele, was in die Tonne kommt!** — 4

Papiertonne = Pappe, Papier; Biotonne: Kaffeesatz, Gemüseabfälle (Tonne = 1Punkt, je Bsp. 1/2P)

4. **Nenne 4 Beispiele für Sondermüll!** — 2

Sondermüll ist z.B.: Lacke, Chemikalien, Öle, Thermometer, Spiritus,

5. **Warum sollte man Papier sparen? Kann man Papier immer wieder aus Altpapier herstellen? Erkläre! Welche Nachteile kann es geben?** Altpapier kann nicht beliebig oft wiederverwendet werden! Man benötigt immer wieder neue Zellstofffasern. Es entsteht hier kein vollständiger Kreislauf der Natur! Auch wird sehr viel Wasser verschmutzt und verbraucht. Hoher Energieverbrauch. Daher Papier sparen!	4
6. **Was versteht man unter einer Wertstoffinsel? Warum hat die Stadt diese errichtet?** Um die Mülltrennung zu **vereinfachen**, hat die Stadt so genannte Wertstoffinseln eingerichtet, die in jedem Stadtteil zu finden sind. Dort stehen: Glascontainer, Metallcontainer und Kunststoffcontainer.	2
7. **Was kannst du selbst tun, um Müll zu sparen? Nenne 3 Möglichkeiten!** Keine Umverpackungen, sondern loses Obst und Gemüse. 2) Milchflaschen statt Tetrapack, da dieses 30 Jahre braucht bis es zerfällt. 3) Kein MC Donalds, da alles viel zu viel verpackt wird.	3
8. **Wo entsorge ich meinen Kronleuchter und wo meinen alten Hustensaft?** Kronleuchter = Metall = Wertstoffhof, Hustensaft = Medikament = Apotheke oder Giftmobil	2

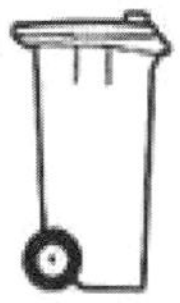

1.5 Lösungen zum Thema Wasser

1.5.1 Lösung von Probe 1 - Wasser

<table>
<tr><td>1. Beschrifte unseren Wasserkreislauf!
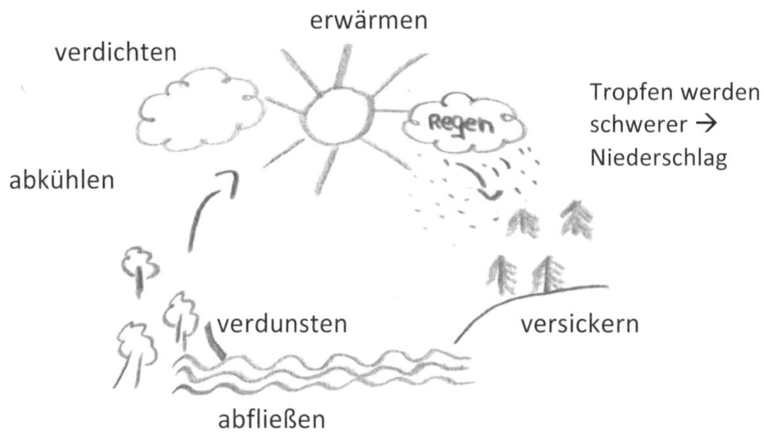

</td><td>5</td></tr>
<tr><td>2. Nenne drei Zustandsformen des Wassers!
Aggregatszustände: Gasförmig, flüssig, fest</td><td>3</td></tr>
<tr><td>3. Der mit Wasser gefüllte Teekessel wird auf der Herdplatte vergessen. Als du zurückkommst, ist der Wasserkessel leer. Wie nennt man diesen Vorgang?
Man nennt den Vorgang „verdampfen".</td><td>1</td></tr>
<tr><td>4. Erkläre die Entstehung einer Quelle!
Es regnet, und das Wasser versickert durch die verschiedenen Erdschichten (Humus, Sand und Kies…). Sobald das Wasser auf eine undurchlässige Schicht (z. B. Lehm- oder Tonschicht) trifft, sammelt es sich und wird zu einer Quelle.</td><td>5</td></tr>
<tr><td>5. Bei welcher Temperatur wechselt Wasser vom festen in den flüssigen Zustand?
Bei 0 Grad Celsius wechselt das Wasser von Eis zu flüssigem Wasser.</td><td>1</td></tr>
<tr><td>6. Bei welchem Wetter hängt Oma besonders gerne ihre Wäsche im Garten auf? Begründe!
Am besten hängt Oma de Wäsche bei warmem, windigem und sonnigem Wetter draußen auf.</td><td>3</td></tr>
<tr><td>7. Kreuze an: In welchen Räumen schweben besonders viele Wasserteilchen?
X im Schwimmbad
X im Bad</td><td>2</td></tr>
</table>

8.	**Von welcher Niederschlagsart wird gesprochen?** Eine Wolke in Bodennähe = **Nebel** Wasserteilchen gefrieren und fügen sich zu Eiskristallen zusammen = **Schnee** In der Nacht gefriert der Wasserdunst auf den Blättern der Bäume = **Raureif** Auf den Gräsern verdichtet sich der Wasserdunst = **Tau** Gefrorene Wassertropfen nennt man **Hagel** Welche Niederschlagsform kennst du noch? **Regen**	6
9.	**Erläutere möglichst genau wie Hagel entsteht!** **Hagel**: Kräftige **Auf- und Abwinde treiben Wassertropfen** durch die **verschiedenen Temperaturbereiche**, so dass sich **durch Auftauen und Gefrieren Hagelkörner bilden**. Sie fallen oft so **schnell herunter**, dass sie **nicht auftauen können**	2

1.5.2 Lösung von Probe 2 - Wasser

1. **Nenne vier ganz verschiedene Beispiele, wo Wasser verdunsten kann!** ❄ Wasser verdunstet bei Regen auf Straßen in **Pfützen**; aus **Seen oder Flüssen**; aus der **Wäsche,** die man aufgehängt hat, aus Gefäßen, die man draußen stehen lässt z. B. eine **Regentonne.**	4
2. **Nenne drei Zustandsformen des Wassers!** Die drei Zustandsformen von Wasser sind - flüssig, gasförmig oder gefroren.	3
3. **Wie nennt man den Vorgang, bei dem sich die Wasserteilchen wieder zu Wassertropfen zusammenschließen?** Wasserteilchen werden zu Wassertropfen → Verdichtung / sie verdichten sich.	1
4. **Erkläre, um welche Vorgänge es sich hier handelt** a) Verdunstung / sie verdunsten b) Verdampfung / sie verdampfen c) Kondensation / sie kondensieren	3
5. **Die Familie Reichel entschließt sich einen Gartenteich anzulegen. Mama Reichel gräbt und gräbt bis sie zur Kiesschicht kommt. Nun möchte sie das Wasser einlassen. Wie würdest du vorgehen?** Das Wasser würde immer wieder versickern, daher muss der Teich entweder mit einer Betonschicht ausgefüllt werden oder eine Plane in die Mulde gelegt werden oder in einer anderen Form abgedichtet werden.	2
6. **Bei welcher Temperatur wechselt Wasser vom flüssigen in den gasförmigen Zustand?** Bei 100 Grad Celsius wechselt Wasser vom flüssigen in den gasförmigen Zustand.	1
7. **Setze ein, was passiert:** a) Scheint im Sommer die Sonne längere Zeit auf eine Pfütze, so kann diese **verdunsten.** b) Wenn man Wasser bei 100 Grad Celsius kocht, dann **verdampft** dieses. c) Wird die Tafel gewischt, so **verdunstet** das Wasser an der Oberfläche.	3
8. **Wie kann ich Wäsche am besten trocknen. Nenne drei wichtige Voraussetzungen:** Wichtige Voraussetzungen zum Trocknen der Wäsche sind: **Wärme, Wind und Sonne.**	3
9. **Paul spielt im Winter bei großer Kälte draußen im Schnee und trägt seine Brille. Als er in die warme Wohnung kommt, ist diese völlig beschlagen. Warum nur?** Wasserteilchen verdichten sich auf dem kalten Glas der Brille und kondensieren, d.h. die Brille beschlägt.	3
10. **Wo beschlagen in einem unbeheizten Auto bei Kälte die Scheiben, wenn Menschen darin sitzen?** Die Scheiben beschlagen **innen.**	1
11. **Erkläre genau warum das in Frage 10 so ist.** Der warme Atem der Menschen besteht aus vielen Wasserteilchen, die sich im Autoinnenraum sammeln und an der kalten Fensterscheibe ablegen. Die Temperatur der Teilchen ändert sich durch die kalte Scheibe, sie kondensieren. Die Scheibe beschlägt.	3

1.5.3 Lösung von Probe 3 – Wasser

1.	**Woraus kann Trinkwasser gewonnen werden? Nenne 3 Möglichkeiten!** Talsperren, Grundwasserbrunnen oder Uferfiltratbrunnen	3
2.	**Wofür benötigen wir jeden Tag Wasser. Nenne 3 Beispiele!** Trinken, Kochen, Waschen	3
3.	**Was misst ein Meteorologe genau, um das Wetter zu bestimmen?** Der Meteorologe misst Windgeschwindigkeit, Regenmenge, Temperatur und Luftdruck. Auch ein Wetterballon kann ihm helfen und Daten aus der Höhe an die Bodenstation senden.	3
4.	**Nenne drei Wettermessgeräte und erkläre, was man damit misst!** Windrichtung + Windstärke = Windmesser/SODAR; Luftdruck = Barometer; gefallene Regenmenge = Regenmesser	3
5.	**Wenn es regnet, läuft das Wasser durch verschiedene Schichten. Kreuze die richtigen Aussagen an!** X Durch Sand fließt das Regenwasser durch. O Erde ist wasserundurchlässig X Regenwasser sammelt sich auf der Lehm-/Tonschicht O Lehm ist wasserdurchlässig.	2
6.	**Warum läuft ein See nicht über? (1Satz)** Ein See läuft nicht über, weil er nicht abgedichtet ist. Er verliert durch die wasserdurchlässige Bodenschicht immer wieder Wasser und ein Teil verdunstet auch.	1
7.	**Das Wasser durchläuft in der Kläranlage verschiedene Reinigungsstufen. Nenne diese in der richtigen Reihenfolge!** 1. Rechenstraße, 2. Sandfang, 3. Vorklärbecken, 4. Belebungsbecken, 5. Nachklärbecken, 6. Belebungsbecken, 7. Einleitung in den Fluss	7
8.	**In welcher Reinigungsstufe der Kläranlage werden Fette und Öle entfernt?** Im Vorklärbecken	1
9.	**Wassernot = Hungersnot. Erkläre, wie dies zusammenhängt!** Ohne Wasser können die Pflanzen nicht leben, ebenso wenig die Tiere. Da unsere Nahrung aus Pflanzen und Tieren besteht, würden wir verhungern, bzw. entsteht bei Wassernot auch eine Hungersnot	2
10.	**Was versteht man unter Brauchwasser und wozu benützt man es?** Brauchwasser ist Regenwasser, das aufgefangen wurde. Es wird nicht extra geklärt und in der Industrie benutzt. Umweltbewusste Haushalte benutzen Brauchwasser als Toilettenspülwasser.	2

1.5.4 Lösung von Probe 4 - Wasser

1. Beispiele für ...	6

verdunsten	**verdampfen**
Regenwasser auf der Straße	Kochendes Wasser auf dem Herd
Wasser aus den Seen	Sauna beim Aufguss
Wasser aus Wäsche an der Leine	Schüssel kochendes Wasser beim Inhalieren

2. Du möchtest gerne die Luftfeuchtigkeit in deinem Zimmer erhöhen, da du erkältet bist. Wie kannst du dies am besten machen? Beschreibe genau! Ich hänge feuchte Tücher auf und stelle Wasserbehälter auf die Heizkörper oder verwende einen Luftbefeuchter. Ich kann auch feuchte Wäsche aufhängen.	2
3. Erkläre, wann Wasser besonders schnell verdunstet! Wasser verdunstet besonders schnell bei Wind, Wärme und/oder Sonne.	2
4. Wie kannst du die Zustandsformen des Wassers verändern? Die Zustandsformen des Wassers lassen sich durch Erhitzen oder Abkühlen verändern.	2
5. Welche vier Niederschlagsarten kennst du? Niederschlagsarten: Regen, Schnee, Nebel, Hagel	2
6. Was passiert mit dem Regenwasser? Wo bleibt es? • ein Teil verdunstet • etwas wird von den Pflanzen aufgenommen • es kann von der Oberfläche abfließen • ein großer Teil des Wassers versickert.	4
7. Wasser ist sehr kostbar, daher sollten wir es sorgfältig gebrauchen, nenne 3 Beispiele wie du Wasser sparen kannst! ❄ Duschen statt baden ❄ Toiletten**spar**spülung ❄ Beim Einseifen Wasser ausschalten. ❄ Beim Zähne putzen Wasser nicht laufen lassen ...	3
8. Setze in die Lücken die richtigen Begriffe zum Thema Wasserkreislauf ein Mit der warmen Luft steigen viele unsichtbare **Wasserteilchen** nach oben. Das Wasser **verdunstet**. In kälteren Luftschichten **verdichten sich** diese zu größeren **Wassertropfen**. Diese **verdichten** sich immer mehr. Auf diese Weise entstehen **Wolken**, die schließlich abregnen.	6
9. Man nennt unsere Erde auch den blauen Planeten, aus welchem Grund ist Wasser wichtig für unser Ökosystem. Für wen ist das Wasser denn wichtig und warum? Die Erde besteht zu 2/3 aus Wasser, der Mensch ebenfalls. Alle Tiere und unser gesamtes Ökosystem sind von Wasser abhängig und können nur mit Wasser existieren. Ohne Wasser können weder Pflanzen wachsen noch Tiere überleben, so dass auch unsere Lebensgrundlage entzogen wäre, müssten wir auf Wasser verzichten.	3

1.5.5 Lösung von Probe 5 - Wetter

1. **Was misst ein Meteorologe, um das Wetter zu bestimmen?** Der Meteorologe misst Windgeschwindigkeit, Regenmenge, Temperatur und Luftdruck. Auch ein Wetterballon oder **Wettersatellit** kann ihm helfen und Daten aus der Höhe an die Bodenstation senden.	4
2. **Nenne zwei Wettermessgeräte und erkläre, was man damit misst!** Windrichtung + Windstärke = Windmesser/SODAR; Luftdruck = Barometer; gefallene Regenmenge = Regenmesser; Temperatur = Thermometer	4
3. **Welche vier Niederschlagsarten kennst du?** Welche vier Niederschlagsarten kennst du? **Nebel, Hagel, Regen, Raureif, Schnee,**	2
4. **Erkläre was passiert, wenn du ein Blatt Papier in sicherer Entfernung über einem Teelicht hältst! Welche Wettererscheinung kann so erklärt werden?** Das **Blatt bewegt sich**, da die Kerze **die Luft erwärmt** und dadurch ein **warmer, schwacher Wind** entsteht (Wettererscheinung ist der Wind).	3
5. **Erläutere möglichst genau, wie Hagel entsteht!** **Hagel**: Kräftige **Auf- und Abwinde treiben Wassertropfen** durch die **verschiedenen Temperaturbereiche**, so dass sich **durch Auftauen und Gefrieren Hagelkörner bilden**. Sie fallen oft so **schnell herunter**, dass sie **nicht auftauen können**	2
6. **Nenne drei Wettererscheinungen, die in einem Wetterbericht dargestellt werden!** Wettererscheinungen: **Niederschlag, Bewölkung, Windstärke, Temperatur, Windrichtung**	3
7. **In ca. 3 Metern Höhe beträgt die Lufttemperatur 2° Celsius. Kann es bei dieser Temperatur schneien? Erläutere in vollständigen Sätzen!** Ja, denn es kann bereits ab 4°C schneien. Die Temperatur muss nicht unter dem Gefrierpunkt liegen.	2
8. **Erkläre folgende Wettersymbole:** Wettersymbole: a) **leicht bewölkt**, b) **Nebel**, c) **Gewitter**	3
9. **Wie heißen diese Messgeräte und was messen sie? Achte auf die Nummerierung!** **Wie heißen diese Messgeräte und was messen sie?** 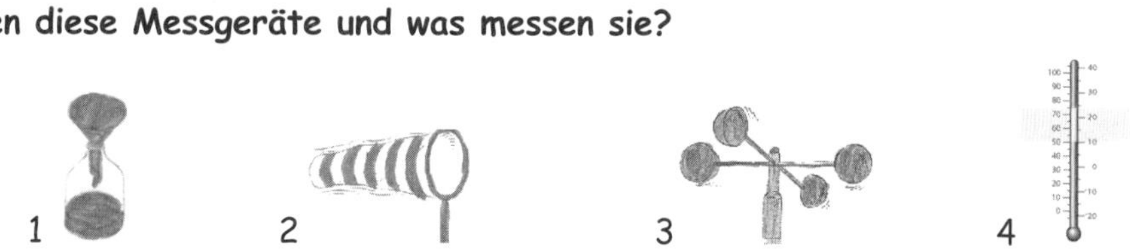 Bezeichnung: 1 **Niederschlagsmesser**, 2 **Windsack**, 3 **Anemometer**, 4 **Thermometer** Gemessen wird: 1 **Niederschlagsmenge** , 2 **Windrichtung**,3 **Windstärke**, 4 **Temperatur**	4
10. **Was ist ein Barometer? Erkläre genau, welche Wettererscheinung damit gemessen wird.** Mit dem Barometer wird der **Luftdruck** (in Hekto Pascal) gemessen. **Sinkt** das Barometer, so kündigt sich ein **Tiefdruckgebiet** (**schlechteres Wetter**) an. **Steigt** das Barometer, so **wird das Wetter schöner** – man spricht von einem **Hochdruckgebiet**	2

1.6 Lösungen zum Thema Fahrrad und Verkehrserziehung

1.6.1 Lösung von Probe 1 - Fahrrad und Verkehrserziehung

1. Der Zebrastreifen ist ein sicherer Überweg für Fußgänger. Wie verhältst du dich hier als Radfahrer? Ich nehme Blickkontakt mit den Fußgängern am Fahrbahnrand auf und warte, bis sie die Straße überquert haben. Fußgänger auf dem Zebrastreifen haben immer Vorrang!	2
2. Paulinchen hat endlich ihre Fahrradprüfung bestanden und möchte zur Schule radeln. Ihre Mutter aber warnt sie: „Pass gut auf, nicht alle Verkehrsteilnehmer halten sich immer an die Regeln!" Nimm dazu Stellung und beschreibe, wie du dich als Radfahrer verhalten solltest! auf kleine Kinder achten. Rücksicht auf andere Verkehrsteilnehmer nehmen. Abstand halten, damit ich reagieren kann, wenn andere sich falsch verhalten. Immer bremsbereit sein und daher auch die Bremsen vor der Fahrt kontrollieren. Immer aufmerksam und vorausschauend fahren.	5
3. Notiere die 7 nötigen Schritte zum Linksabbiegen! Umsehen über die linke Schulter, Handzeichen geben, einordnen, Gegenverkehr beachten, Vorrang gewähren, umsehen, im großen Bogen abbiegen, rechts einordnen.	7
4. Warum sind manche Schilder blau, andere rot? Was ist der Unterschied Blaue Schilder sind Erlaubnisschilder, rote sind Verbotsschilder.	1
5. Male die beiden Schilder in der richtigen Farbe an und schreibe dazu, was sie bedeuten!  rot, Durchfahrt verboten, hier darf man nicht hineinfahren  innen gelb, Ende der Vorfahrtsstraße	4
6. Was braucht ein verkehrssicheres Fahrrad? Denke daran, auch bei schlechtem Wetter musst du als Radfahrer gut sichtbar sein! Vorderradbremse, Hinterradbremse, Glocke, Dynamo, roter Großflächenstrahler, Schlusslicht, gelbe Speichenreflektoren, Vorderlicht	4
7. Wie verhältst du dich im Kreisverkehr richtig? Den Fahrzeugen im Kreisverkehr gewähre ich Vorfahrt. Im Kreisverkehr fahre ich immer äußerst rechts. Vor dem Ausfahren aus dem Kreisverkehr gebe ich rechtzeitig ein deutliches Handzeichen.	3
8. Wie musst du dich als Radfahrer in einem verkehrsberuhigten Bereich verhalten? Ich fahre nur in Schrittgeschwindigkeit und muss auf Kinder und Fußgänger achten.	2
9. Ein Mädchen ist gestürzt und hat sich dabei sehr verletzt. Was machst du? Ich bleibe bei der Schülerin und bitte vorbeikommende Personen, Hilfe zu holen.	2

1.6.2 Lösung von Probe 2 - Fahrrad und Verkehrserziehung

1. **Kreuze richtig an! Es sind immer 2 Antworten richtig! Wie heißen die folgenden Zeichen und welche Bedeutung haben sie?**  ☐ einseitig links verengte Fahrbahn ☑ einseitig rechts verengte Fahrbahn ☑ meine Fahrbahn verengt sich ☐ ich habe Vorrang  ☐ gemeinsamer Fuß- und Radweg ☑ getrennter Fuß- und Radweg ☑ ich muss links fahren ☐ ich muss rechts fahren  ☑ Rechts abbiegen ☐ rechts fahren ☐ ich darf mit meinem Fahrrad rechts abbiegen ☑ ich muss rechts abbiegen  ☐ Verbot der Einfahrt ☑ Einbahnstraße ☐ nur Fahrradfahrer ☑ hier darf ich nur in Pfeilrichtung fahren	8
2. **Welche beiden Punkte solltest du beim Linksabbiegen immer beachten?** ☐ umsehen und einordnen ☐ Handzeichen geben und einordnen ☑ umsehen und Handzeichen geben ☐ flott nach links, sonst ist ein anderer schneller!	1
3. **Notiere die 7 nötigen Schritte zum Linksabbiegen!** Umsehen, Handzeichen geben, Einordnen, Gegenverkehr beachten, Vorrang gewähren, Umsehen, im großen Bogen abbiegen, rechts einordnen.	7
4. **Du möchtest in eine Kreuzung mit Linksabbiegespur, was tust Du, nachdem du die Vorfahrt beachtet hast?** ☑ ich beachte den Gegenverkehr ☐ ich gebe ein deutliches Handzeichen ☐ ich ordne mich in der Linksabbiegerspur ein ☐ ich steige ab und schiebe	1
5. **Du möchtest in eine Kreuzung mit Linksabbiegerspur, was tust Du, nachdem du die Vorfahrt beachtet hast?**  Stoppschild, hier muss ich anhalten. Ich bleibe stehen. Mein Fuß muss auf den Boden! Rotes Schild.  Sonderweg für Fußgänger, hier darf ich nicht Rad fahren! Blaues Schild	4
6. **Wer darf denn nun wie fahren? Notiere die richtige Reihenfolge!** **C** hat **Vorfahrt** und fährt zuerst. Der Radfahrer **A** fährt als **letzter**, denn er muss als Linksabbieger dem Fahrradfahrer **B Vorrang** gewähren.	3
7. **Schreibe die Rangfolge der Vorfahrtsregelungen auf!** 1) Polizisten 2) Ampeln 3) Verkehrszeichen 4) Rechts vor Links	2
8. **Du fährst auf dem Fahrradweg und ein LKW will knapp vor dir in die Straße einbiegen. Erläutere deine Verhaltensweise!** Wenn ich in den toten Winkel komme, kann der LKW Fahrer mich nicht sehen, daher ist es sicherer, ich halte an und warte bis der LKW abgebogen ist.	2

1.6.3 Lösung von Probe 3 - Fahrrad und Verkehrserziehung

1. Der Unterschied zwischen einem Stoppschild und einem Vorfahrtgewähren-Schild:  Vorfahrt gewähren! Ich fahre vorsichtig an die Kreuzung heran, beachte die Vorfahrt, und wenn kein Auto kommt, fahre ich weiter.  Halt! Vorfahrt gewähren. Ich bleibe stehen! Mein Fuß <u>muss</u> auf der Straße sein, auch wenn kein Auto kommt <u>muss</u> ich stehen bleiben!	6
2. Beim Anfahren vom Fahrbahnrand musst du vieles beachten. Schreibe genau auf! Ich schaue links, rechts, links. Ich schaue nach hinten links um Ich gebe deutliches Handzeichen.	3
3. Es gibt einen Bereich, den die Autofahrer im Rückspiegel nicht sehen können. Wie nennt man diesen Bereich. Man nennt diesen Bereich toten Winkel.	1
4. Zeichne folgende Verkehrsschilder! Durchfahrt verboten  Vorfahrt gewähren  Kreisverkehr 	3
5. Wie verhältst du dich bei den folgenden Verkehrszeichen? <u>Verbot der Einfahrt</u>. Hier fahre ich auf keinen Fall hinein. <u>Spielstraße</u>: Hier fahre ich besonders langsam, falls ich Fußgänger behindere, muss ich sogar von meinem Fahrrad absteigen. <u>Fußgängerüberweg</u>: Ich fahre langsam an den Fußgängerweg heran und achte darauf, ob Fußgänger die Straße überqueren wollen.	6
6. Nummeriere durch, welche Verkehrsteilnehmer in welcher Reihenfolge fahren dürfen! 	4
7. Welche drei Punkte musst du hier als Rechtsabbieger beachten? Vorfahrt gewähren! Handzeichen geben! Auf Fußgänger achten!	3

1.7 Lösungen zum Thema Landkarten und Himmelsrichtungen

1.7.1 Lösung von Probe 1 - Landkarten und Himmelsrichtungen

1. **Unser Himmelsrichtungen:** **a) Welche Himmelsrichtung ist auf der Karte immer oben?** **b) Wo geht die Sonne auf?** **c) Wie nennt man die Himmelsrichtung in der die Sonne nie zu sehen ist?** a) Norden b) Osten c) Norden	3
2. **Moritz macht einen kleinen Spaziergang und kennt die Himmelsrichtungen. Er läuft mittags Richtung W-Dorf, welches im Süden liegt. Miesbach liegt im Norden und A-Dorf im Westen.**	3
3. **Wie kann man Berge auf einer Karte darstellen?** Berge kann man durch Höhenlinien und durch verschiedenfarbige Höhenschichten darstellen.	2
4. **Richtig oder falsch? Je größer die Maßstabszahl (= Zahl hinter dem Doppelpunkt)** **R** desto ungenauer sind die Einzelheiten auf der Karte zu erkennen. **F** desto größer sind Sehenswürdigkeiten zu erkennen **R** umso besser ist der Überblick über die Umgebung, den man bekommt. **F** umso mehr Einzelheiten sind abgebildet **R** umso besser kann man etwas Großes als Ganzes erkennen	5
5. **a) Was sagt uns der Maßstab? Bitte erkläre kurz! (2 Punkte)** **b) Was bedeutet in diesem Zusammenhang der Maßstab 1:1? (1Punkt)** **c) Was bedeutet der Maßstab 1:2? (1Punkt)** **d) Wie lang ist das abgebildete Schild bei einem Maßstab 1:2 in Wirklichkeit? Rechne!** a) Der Maßstab ist das Verhältnis zwischen Karte und Wirklichkeit b) 1 cm auf der Karte ist 1 cm in Wirklichkeit c) 1cm auf der Karte sind 2 cm in Wirklichkeit d) Der Gegenstand ist 3 cm, also 2 x 3 = 6 cm in Wirklichkeit	6
6. **In welcher Himmelsrichtung siehst du die Sonne zu untenstehenden Uhrzeiten?** 13:30 Uhr im Süden;9:00 Uhr im Osten; 23:00 Uhr im Norden und 17:00 Uhr im Westen	4
7. **Trage die fehlenden Himmelsrichtungen ein:** O W S N ⌖ S S ⌖ N O ⌖ W W O N	3

1.7.2 Lösung von Probe 2 - Landkarten und Himmelsrichtungen

1. **Ein Kompass besteht aus:** Magnetnadel, Windrose und Gehäuse	3
2. **a) Oft kann man an einem Baum die Himmelsrichtungen ablesen. Erkläre warum!** **b) Die Nadel des Kompasses stellt sich immer in einer Richtung aus, erkläre kurz!** **a) Die Bäume neigen sich oft nach Osten, weil Wind und Regen meist aus Westen kommen.** **b) Die Kompassnadel zeigt immer nach Norden wegen den Magnetfeldern der Erde.**	2
3. **Schreibe drei weitere Möglichkeiten auf, wie du dich in der Natur - ohne Kompass - zu Recht finden kannst!** Ich kann mich an der Sonne orientieren (Osten, Süden, Westen) Ich kann mich auch am Polarstern orientieren (Norden) Ebenso kann ich mir einen Kompass aus einer Nadel, Toilettenpapier und einem Regenmantel bauen. An Bäumen kann ich mich an der bemoosten Seite orientieren, diese zeigt nach Westen.	3
4. **Beschreibe 3 Merkmale einer Karte oder Lageskizze! Verwende Fachbegriffe!** Alles ist kleiner gezeichnet als in Wirklichkeit, es wird also ein anderer Maßstab verwendet. Es werden nur die Umrisse gezeichnet und nicht alles naturgetreu. Für Gebäude und wichtige Dinge werden Symbole verwandt.	3
5. **Nenne die Nebenhimmelsrichtungen!**❋ Nebenhimmelsrichtungen: Nordosten, Nordwesten, Südosten, Südwesten	4
6. **a) Wenn du um 12 Uhr mittags mit dem Gesicht zur Sonne deinen rechten Arm seitlich ausstreckst, wohin zeigt dann dein rechter Arm?** **b) Wo liegt der Schnee am längsten?** a) nach Westen b) an Nordhängen	2
7. **Warum war die Erfindung des Kompasses früher von so großer Bedeutung?** Weil die Seefahrer sich so bei Nebel und Bewölkung / starkem Regen/ ohne Landsicht orientieren konnten.	2
8. **Wie nennt man die Zeichenerklärungen einer Landkarte?** Zeichenerklärungen einer Landkarte nennt man **Legende**	1
9. **Wir haben uns mit Landkarten beschäftigt. Zeichne folgende Symbole ein!**	5

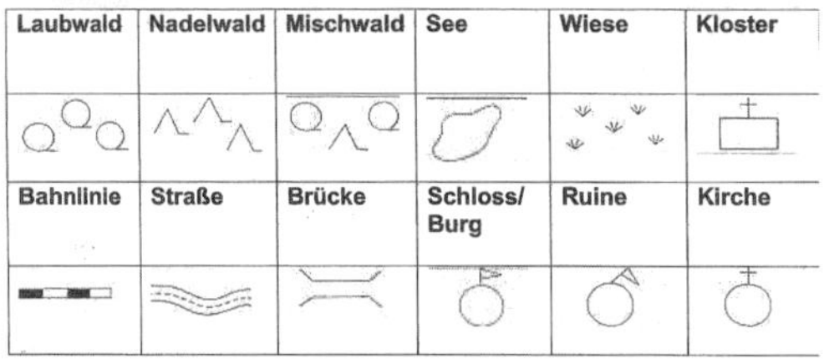

10. Fülle folgende Tabelle aus! (5)

Maßstab	auf der Karte	in Wirklichkeit		
1:200.000	1 cm	200.000 cm	2.000 m	2,0 km
1:150.000	1cm	150.000 cm	1.500 m	1,5 km
1:50000	1 cm	50.000 cm	500 m	0,5 km
2:1	2 cm	1 cm	0,01 m	0,00001 km

1.7.3 Lösung von Probe 3 - Landkarten und Himmelsrichtungen

1. **Ergänze den folgenden Text:** a) Auf Karten ist die wirkliche Landschaft **verkleinert** und von **oben** dargestellt. **Norden** ist auf der Karte oben. (3 Punkte) b) Höhenfarben: Alle Gewässer werden auf der Karte blau gezeichnet. Alle Städte sind rot gezeichnet. (2Punkte) c) In einer Legende werden die Kartenzeichen erklärt. Sie hilft dir die Karte „lesen" zu können. (1Punkt)	6
2. **Zeichne folgende Zeichen: Friedhof, Burg, Eisenbahnlinie und Flughafen:** Friedhof ✞ Burg ⚐ ○ Eisenbahnlinie - - - - - - Flughafen ✈	4
3. **Nenne fünf Kontinente und die Hauptstadt Deutschlands!** Afrika, Asien, Europa, Australien und Amerika. Hauptstadt Deutschlands ist Berlin.	3
4. **Ergänze die fehlenden Himmelsrichtungen** **O** N ✧ **S** **W** S **O** ✧ **W** N	3
5. **Ergänze die Himmelsrichtungen!** Die Sonne ist nie zu sehen im **Norden**. Der Schatten eines Baumes zeigt um 6 Uhr früh nach **Westen**. Der Polarstern steht im **Norden**. Die Sonne geht unter im **Westen**. Der Altar von alten Kirchen steht im **Osten**. Die Sonne geht morgens auf im **Osten**. Mittags steht die Sonne im **Süden**. Bäume sind auf der **West** - Seite stärker bemoost.	4
6. **Beschrifte die Windrose:** 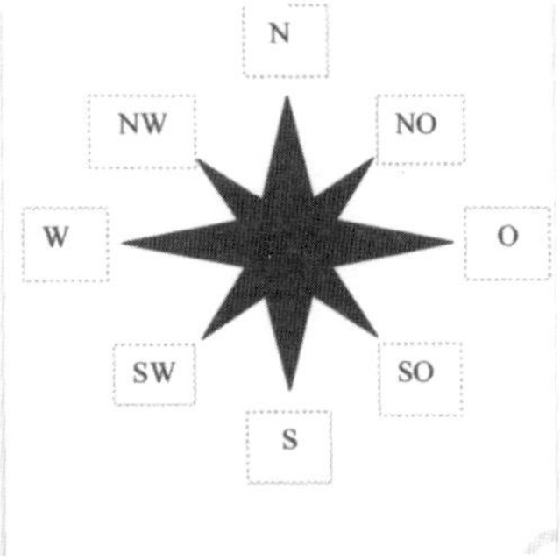 	4
7. **Hans möchte gerne einen kleinen Ausflug machen und hat drei Karten zur Auswahl. Bei welcher kann er die Einzelheiten am genauesten erkennen. Kreuze an!** ☑ 1:50 000 ○ 1:100 000 ○1:200 000	1

8. **Kreuze richtig an:** ☑ Alle Punkte auf einer Höhenlinie liegen gleich hoch. ○ Bei flachen Bergen liegen die Höhenlinien eng beieinander. ☑ Am Abstand der Höhenlinien auf der Karte kann man erkennen, wo der Berg flach ist oder steil ansteigt. ○ Auf allen Landkarten beträgt der Höhenunterschied zwischen zwei aufeinanderfolgenden Höhenlinien 100m.	4

1.8 Lösungen zum Thema Leben am Teich

1.8.1 Lösung von Probe 1 - Leben am Teich

1. **Welche Tiere leben am Teich? Nenne 4 Beispiele!** Stockente, Frosch, Kormoran, Wasserläufer, Eisvogel, ...	4
2. **Was ist ein Erpel?** Ein Erpel ist eine männliche Ente.	1
3. **Erläutere, warum die Ente so ein guter und schneller Schwimmer ist!** Die Stockente hat eine kanuähnliche Körperform -> ermöglicht sicheres und schnelles bewegen im Wasser Füße mit Schwimmhäuten -> Füße wirken wie Ruder (Ruderfüße) und ermöglichen schnelles schwimmen	4
4. **Was schützt die Stockente vor Kälte?** Die Ente ist durch ihre Daunen vor Kälte geschützt.	1
5. **Wie schützt sich die Ente vor Nässe? Erkläre ausführlich!** Die Enten nehmen sich mit dem Schnabel Fett aus der Bürzeldrüse und fetten ihre Deckfedern damit ein. Hierdurch wird verhindert, dass Wasser ins Gefieder dringt.	3
6. **Entenküken sind Nestflüchter. Erkläre was das bedeutet!** Die Entenküken sind nach der Geburt schon sehr weit entwickelt und können bereits schwimmen. Deshalb verlassen sie sofort ihr Nest und man nennt sie Nestflüchter.	2
7. **Vervollständige den Text!** Nur die männlichen Frösche quaken, die weiblichen Frösche quaken nicht. Den Winter verbringen sie in der Regel am Grunde des Gewässers. Bei sehr starker Kälte verfallen sie auch in eine Winterstarre. Frösche können sowohl im Wasser als auch an Land leben.	4
8. **Wie nennt man die Klumpen aus Froscheiern?** Die Klumpen aus Froscheiern nennt man Ballen oder Laich	1
9. **Wie atmen Kaulquappen?** Mit ihrem Kiemen können Kaulquappen im Wasser atmen, in dem sie den Sauerstoff aus dem Wasser aufnehmen.	2
10. **Beschreibe, wie ein Wasserläufer aussieht, und wie er sich fortbewegt.** Der Wasserläufer hat sechs Beine, die lang und dünn sind und einen leichten Knick haben. Die mittleren Beine sind am längsten und der Körper ist leicht und klein	5
11. **Wie und wovon ernährt sich der Wasserläufer?** Der Wasserläufer ernährt sich von Insekten, die ins Wasser gefallen sind. Er hält sie mit den Vorderbeinen fest und saugt sie mit seinem Rüssel aus.	4

1.8.2 Lösung von Probe 2 - Leben am Teich

1.	**Nenne 4 Pflanzen und 4 Tiere, die du am Teich finden kannst!** Stockente, Frosch, Kormoran, Wasserläufer, Eisvogel, ... Schilf, Teich-/Seerosen, Rohrkolben, Wasserschwertlilie, Kopfweide, Knäuelbinse, Erle, Wasserhahnenfuß, Pfeilkraut, raues Hornblatt, krauses Laichkraut, Sumpfdotterblume, Wasserpest	4
2.	**Worin unterscheiden sich optisch männliche und weibliche Stockenten?** Die Erpel sind deutlich bunter, sie haben einen glänzend grünen Kopf. Die Weibchen sind braun/ weiß gefiedert und körperlich etwas kleiner.	2
3.	**Wie schützt sich die Stockente vor Kälte und Nässe? Erläutere genau!** Die Ente ist durch ihre Daunen vor Kälte geschützt. Die Enten nehmen sich mit dem Schnabel Fett aus der Bürzeldrüse und fetten ihre Deckfedern damit ein. Hierdurch wird verhindert, dass Wasser ins Gefieder dringt.	4
4.	**Wie und wovon ernährt sich die Stockente? Erkläre genau und verwende Fachbegriffe:** Die Ente streckt den Schwanz in die Höhe und taucht mit dem Kopf unter, um am Grund/Boden des Gewässers nach Schnecken, Würmern, Pflanzenteilen, Kaulquappen, Fisch- und Froschlaich zu suchen. Diesen Vorgang nennt man gründeln.	4
5.	**Wovon ernährt sich der Grasfrosch? Nenne 4 Beispiele!** Frösche fressen Insekten, Käfer, Raupen, Schnecken und Spinnen.	2
6.	**Wie fängt der Frosch seine Beute?** Der Frosch hat eine lange, klebrige Zunge, mit der er seine Beute fängt.	1
7.	**Wie viele Eier legt ein Frosch-Weibchen etwa ab? Erkläre kurz, in welcher Form die Eier abgelegt werden!** Die Weibchen legen 2500 bis 4000 Eier in Klumpenform, genannt Laich, im Wasser ab. Sie werden in so genannten Ballen abgelegt, in dem die Eier in einer Gallertmasse zusammengehalten werden.	3
8.	**Aus den Eiern schlüpfen die Larven. Wie nennt man sie?** Kaulquappen	1
9.	**Warum gehört der Frosch zu den Amphibien?** Der Frosch kann sowohl im Wasser als auch an Land leben, deshalb gehört er zu den Amphibien.	1
10.	**Erläutere, weshalb immer mehr Tiere und Pflanzen gefährdet sind?** Tiere und Pflanzen sind bedroht durch die Menschen, die ihm z. B. durch Begradigung vieler Flüsse und Bäche den gewohnten Lebensraum nehmen. Begradigte Flüsse werden in Betonrinnen gezwängt. Damit geht die natürliche Flora verloren und die Wasservögel können dort nicht mehr leben.	4

1.8.3 Lösung Probe 3 - Leben am Teich

1.	Tiere am Teich: Stockente, Frosch, Kormoran, Wasserläufer, Eisvogel, ... Pflanzen am Teich: Schilf, Teich-/Seerosen, Rohrkolben, Wasserschwertlilie	4
2.	Die Ente ist durch ihre Daunen vor Kälte geschützt. Um zu verhindern, dass Wasser ins Gefieder dringt, nehmen sich die Enten mit dem Schnabel Fett aus der Bürzeldrüse und fetten ihre Deckfedern damit ein.	4
3.	Beim Gründeln sucht die Ente am Grund/Boden des Gewässers nach Nahrung. Sie streckt hierzu den Schwanz in die Höhe und taucht mit dem Kopf unter.	4
4.	Die Stockenten sind an Gewässern (Seen, Teichen) anzutreffen. Sie sind an das Leben im Wasser sehr gut angepasst. Die Ente ernährt sich von Pflanzen und kleinen Tieren, sie ist ein Allesfresser. Entenküken sind Nestflüchter, man nennt sie so, weil sie bereits gleich nach der Geburt schwimmen können und ihr Nest verlassen.	3
5.	Aus den Eiern schlüpfen nach ca. 3 Wochen winzige Kaulquappen. Ungefähr 8-10 Wochen später bekommen sie Vorder- und Hinterbeine und verlieren den Schwanz, sie werden zum Frosch.	4
6.	Feinde des Frosches sind Enten, Gänse, Störche, Reiher, Eisvögel.	3
7.	Der Eisvogel ist bedroht durch die Menschen, die ihm z. B. durch Begradigung vieler Flüsse und Bäche den gewohnten Lebensraum nehmen. Begradigte Flüsse werden in Betonrinnen gezwängt, hierdurch geht die natürliche Flora verloren und die Wasservögel können dort nicht mehr leben.	4

1.9 Lösungen zum Thema Rind/Milchverarbeitung

1.9.1 Lösung - Probe 1 - Rind/Milchverarbeitung

1. Ab wann kann eine Kuh Milch geben, und wie lange? (Ganzer Satz!) Eine Kuh kann Milch geben, **nachdem sie das erste Mal ein Kalb zur Welt gebracht hat.** Sie wird dann ca. **10 Monate gemolken**, bis sie wieder kalbt!	2
2. Erkläre weshalb in der Molkerei Schutzkleidung zu tragen ist und nenne zwei Beispiele zur Schutzkleidung. In der Molkerei muss aus **Hygienegründen** Schutzkleidung getragen werden, damit die Milch **nicht verunreinigt wird**. Schutzkleidung: **Schutzschuhe, Haarnetz, Plastikmantel** ...	3
3. Worauf wird die Milch in der Molkerei zunächst untersucht? Die Milch wird auf **Frische, Fette** und **Bakterien** untersucht.	3
4. Auf welche Temperatur muss die frische Milch gekühlt werden, damit sie frisch bleibt, bis der Tankkühlwagen diese abholt? Die Milch muss auf **ca. 4 °C** abgekühlt werden.	1
5. Erkläre die Begriffe: **Was geschieht beim Pasteurisieren?** Beim Pasteurisieren wird Milch für **eine Dauer von 30 bis 40 Sekunden auf 72° C bis 75° C erhitzt** und **danach sofort wieder abgekühlt**. Was geschieht in der **Zentrifuge**? In der Zentrifuge wird die Milch **gereinigt und entrahmt**. Hierbei werden die **Fettteilchen** von der Milch **getrennt** und es entstehen **zwei Produkte: die Sahne/Rahm und Molke**	4
6. Welche Produkte kennst du, die aus Milch hergestellt werden? Nenne 4 Butter, Sahne, Quark, Buttermilch, Butterschmalz, Schmand, Käse, Frischkäse, Joghurt, Kaffeesahne, Kefir, Kondensmilch, Molke...	2
7. Warum hat das Rind eine lange, raue Zunge? Das Rind hat eine lange, raue Zunge, **damit es das Gras damit leicht abreißen kann.**	1
8. Was frisst eine Kuh hauptsächlich? Nenne 4 Beispiele **Gras, Klee, Heu, Stroh, Rüben, Silage und Kraftfutter**	2
9. Zähle alle Mägen eines Rindes auf: Pansen, Netzmagen, Blättermagen, Labmagen	4

1.9.2 Lösung - Probe 2 - Rind/Milchverarbeitung

1. Vervollständige den Lückentext. Der Oberbegriff dieser Tierart ist Rind. Das Jungtier des Rindes heißt **Kalb** ein 4 bis 12 Monate altes Rind **Fresser,** ein weibliches Rind, das noch kein Kalb bekommen hat, nennt man **Färse,** wenn es schon ein Kalb bekommen hat heißt es **Kuh** Beim männlichen Rind spricht man von **Bulle/Stier**. Ist es kastriert, heißt es **Ochse**. Ein Rind hat **32** Zähne. Mithilfe seiner **Zunge** reißt es das Gras ab. Erst beim **Wiederkäuen** wird das Gras feiner zermahlen. Dabei helfen die **Backenzähne** und die **Hornplatte** die das Rind anstelle der **Eckzähne** hat.	6
2. Erkläre, weshalb Rinder keine giftigen Pflanzen fressen! Rinder fressen keine giftigen Pflanzen, da sie einen sehr fein ausgebildeten Geruchssinn haben.	3
3. Erkläre den Begriff „Wiederkäuer"! Ein Wiederkäuer schluckt seine Nahrung zuerst **unzerkaut**. Erst später zerkleinert es seine Nahrung, nachdem es diese wieder hochgewürgt hat. Da es seine Nahrung wiederkäut, nennt man es Wiederkäuer.	1
4. Vervollständige den Text mit den passenden Begriffen! Im Labor wird die Milch auf: **Frische, Fette und Bakterien** geprüft. Anschließend wird die Rohmilch in die **Zentrifuge** gepumpt. Hierbei werden die Fettteilchen von der Milch getrennt und es entstehen **Sahne**/Rahm und **Molke/Magermilch.** Um Butter herzustellen, kommt der Rahm in die **Butterungsmaschine**. Dort wird er ca. 20 Minuten **geschleudert**, dann wird **Eiswasser hinzugefügt**, damit die Masse schnell abkühlt. Die Fettteilchen sammeln sich in Fetttrauben, die **Butter entsteht** und **übrig bleibt** die **Buttermilch.**	5
5. Versuche in eigenen Worten zu erklären, was in der Molkerei mit der Milch bei folgenden Vorgängen geschieht. Sterilisierung: Die Sterilisierung ist ein **Wärmebehandlungsverfahren** bei einer **Temperatur von mindestens 110° C für 10 bis 20 Minuten im luftdicht verschlossenen Behälter (meist in Glasflasche)**. Das **vernichtet alle Bakterien.** Kondensieren: Für **10-25 Minuten wird die Milch auf 85-100°C erhitzt**. Bei der anschließenden Eindickung, wird der Milch durch Unterdruck **Wasser entzogen**. Dabei **verdampft das Wasser** aus der Milch, wodurch die **Milch auf ca. die Hälfte reduziert** und zu einer zähflüssigen Masse wird.	4

1.9.3 Lösung Probe 1 - Das alte Rom und Pompeji

Kreuze jeweils die richtige Antwort an und fülle die Lücken, beantworte die Fragen in ganzen Sätzen

1. Im welchem Jahrhundert fand man bei Kanalbauarbeiten Marmorplatten und Münzen? **X 16. Jahrhundert**	1
2. Etwa ums Jahr **X 79 nach Chr.** --> 24.08.79 / Herbst 79 nach Christus hatte der Vulkan **Vesuv** einen heftigen Ausbruch und begrub die Stadt Pompeji unter einer Aschedecke.	2
3. **Weshalb ist das für uns heute ein Vorteil?** Das ist so ein Vorteil für uns, weil Pompeji unter der hohen Aschedecke so **gut erhalten geblieben** ist und wir **dadurch sehr viel über Pompeji und die Römer erfahren** konnten.	2
4. **Welche Beschaffenheit hat vulkanischer Boden und was wuchs dort? Nenne mindestens 2 Pflanzen.** Vulkanischer Boden ist sehr **fruchtbar** und es wuchs **Getreide, Gemüse und Obst**.	3
5. **Wie nannte man den römischen Marktplatz?** Der römische Marktplatz hieß **Forum**.	1
6. **Kreuze bitte an, was die Römer auf ihrem sog. Markt machen konnten.** X Es wurden Sklaven verkauft. X Man konnte Gemüse kaufen. ❑ Man konnte Filme schauen. ❑ Man konnte Bücher lesen. X Es wurde Gericht gehalten. X In den Tempeln wurde gebetet. ❑ Es wurde gebadet. X Es wurden Steuern bezahlt. ❑ Es wurde ferngesehen. X Man erfuhr Neuigkeiten.	5
7. **Nenne drei Dinge, die man in einem römischen Bad machen konnte.** Man konnte Schönheitspflege betreiben, zum Friseur gehen, sich massieren lassen und sogar in eine Bibliothek gehen.	3
8. Benenne 5 Lebensmittel, die man im alten Rom schon kannte. **Fleisch, Brot, Kuchen, Erbsen, Nüsse, Äpfel, Käse, Eier, Pilze, Karotten, Trauben**	5
9. Wie nannte man das Theater im alten Rom? **Amphitheater**	1
10. Wie nannte man die Kämpfe, die dort stattfanden? **Gladiatorenkämpfe**	1
11. Kreuze die richtigen Aussagen an. X Viele der Kämpfer starben in der Arena ❑ Viele wurden reich. X Sie kämpften gegen wilde Tiere und gegen einander. ❑ Viele Männer meldeten sich freiwillig. X Viele Männer wurden gezwungen. X Es waren Gefangene, Sklaven oder Verbrecher.	3

1.9.4 Lösung Probe 2 - Das alte Rom und Pompeji

Kreuze jeweils die richtige Antwort an und fülle die Lücken, beantworte die Fragen.

1. Wann und von wem wurde Rom gegründet. Der Legende nach wurde Rom im Jahr **753 v. Chr**. von **den Brüdern Remus und Romulus** gegründet.	3
2. Was fällt dir zum Thema Amphitheater ein? Schreibt mindestens 3 Aussagen auf! Das Amphitheater war das **Freilicht-Theater der Antike**, es wurde **kreisförmig** erbaut, bot Platz für **viele 1000 Zuschauer** und man konnte z.B. **Gladiatoren**- oder **Tierkämpfe** besuchen.	3
3. Was weißt du über Wasserleitungen und Wasser im Römischen Reich? Schreibe 2 Aussagen auf! Die Römer hatten schon früh ein Wasserleitungssystem - **Aquädukt**. Das Wasser wurde durch überwiegend unterirdische Leitungen nach Rom hinein transportiert.	2
4. Was fällt dir zum Thema „öffentliche Bäder im Römischen Reich" ein? Schreibe 3 Aussagen auf! Da es früher **in den Häusern keine Bäder** gab, gab es öffentliche Bäder. Diese dienten jedoch nicht nur der **Reinigung**, man konnte sich dort auch der **Schönheitspflege** hingeben, **massieren** lassen oder zum **Friseur** gehen. Manche Bäder hatten sogar eine **Bibliothek.**	3
5. Schreibe mindestens 6 römische Zahlen auf. 1 **I** — 2 **II** — 3 **III** 4 **IV** — 5 **V** — 6 **VI** 7 **VII** — 9 **IX** — 10 **X**	3
6. Schreibe zwei Sätze zum römischen Straßenbau auf. **Um den Handel zu fördern** bauten die Römer Straßen. Die **Via Appia** ist eine **gepflasterte** Straße, die von Rom nach Süden führte, zunächst bis Capua, dann weiter bis Brindisi. **Sie wurde zu einer der wichtigsten Handelsstraßen.**	2
7. Erkläre kurz was ein Limes ist! Der Limes wurde von den Römern zur **Begrenzung** ihres **Staatsgebietes** errichtet.	2
8. Was ist das Forum und wozu dient es? Notiere mindestens 4 Aussagen Das Forum ist ein Markt oder Marktplatz, mit verschiedenen Marktständen zum Verkauf von Gemüse, Getreide, Früchten, Tieren und Sklaven. Es diente zum Austausch von Nachrichten, dort wurden Steuern bezahlt und Gericht gehalten.	4

9. Was weißt du über Sklaven im Römischen Reich? Schreibe mindestens 2 Aussagen auf! Sklaven konnten **auf dem Forum gekauft werden** und mussten **ihrem Herren ohne Lohn dienen.** Sie **bekamen** für ihre Arbeit lediglich etwas zu **Essen und einen Platz zum Schlafen.**	2
10. Welche lateinischen Wörter kennst du? Schreibe mindestens 2 auf! forum = Markt/Marktplatz basilica = Basilika servus = Sklave domus = das Haus/der Herr aquq = Wasser limes = Grenze via = Straße	2

1.9.5 Lösung Probe Produktion Apfelsaft

1. Fülle den Lückentext aus! Nachdem die Apfelblüte durch **die Biene** im **Frühjahr** bestäubt wurde, kann der Apfel im **Herbst** geerntet werden. Nach der Ernte werden die Früchte in die **Mosterei/ Kelterei** gebracht. Dort werden sie **gewogen** und dann in einem großen Vorratsbehälter, **dem Silo,** kurze Zeit gelagert. Zur Weiterverarbeitung werden die gewaschenen Äpfel in **die Ritzmühle** gebracht. Dort werden sie in kleine Stücke zerteilt, so dass ein Apfelbrei, die **Maische**, entsteht. Diese durchläuft **die Bandpresse,** welche aus einem Laufband und mehreren Walzen besteht. Der Apfelsaft fließt nun in ein Auffangbecken. Durch den Zusatz von **Enzymen** werden Pektine und Stärke abgebaut. Der Saftaustritt aus den **Zellwänden** wird erleichtert und die Saftausbeute erhöht. Die übrig gebliebenen Feststoffe nennt man „**Trester**".	12
2. Was kann man mit dem Trester machen oder wie wird er noch verwendet? Er wird entweder für die Schnapsproduktion verwendet (Apfelschnaps), oder aber an Waldtiere verfüttert.	2
3. Welche vier Arten von Apfelsaft kennst du? (1) Direktsaft (2) 100 % Saft aus Konzentrat (3) Apfelnektar (4) Apfel-Fruchtsaftgetränk	4
4. Wie nennt man den Vorgang, bei dem man den Saft auf eine bestimmte Temperatur erhitzt? Um welche Temperatur handelt es sich (Gradzahl)? Aus welchem Grund macht man das? Sollen die Säfte **länger halten**, so wird der Saft **pasteurisiert**, also wenige Sekunden auf **85 °C** erhitzt, damit der Saft nicht **gärt**.	4

5. **Erkläre, aus welchem Grund die Verpackung für ein Produkt – wie hier dem Apfelsaft – wichtig ist!** Die Vitamine des Apfelsafts sind lichtempfindlich, daher wird er meist in gefärbte Flaschen oder Tetrapacks, die den Saft vor Lichteinfluss schützen, verpackt. Auf der Packung stehen wichtige Information, z.B. die Art des Saftes, ob er biologisch hergestellt wurde und welche Zusatzstoffe er enthält.	2
6. **Was versteht man unter Direktsaft? Wie viele Äpfel benötigt man für 1 Liter?** Mostereien verarbeiten Äpfel als Erstes zu Direktsaft, der die Grundlage für alle anderen Säfte darstellt. In 1 Liter Direktsaft stecken etwa 7 Äpfel (1,5 kg). Es ist der erste und natürlichste Saft aus dem Apfel, der nicht verdünnt oder wieder aufbereitet ist.	3
7. **Was ist ein Fruchtsaftgetränk?** Wenn der Anteil von Apfelsaft bei 30 % liegt, dann spricht man von einem Fruchtsaftgetränk.	1
8. **Maschinen unterstützen den Menschen bei der Produktion des Apfelsaftes. Nenne 3 Beispiele, wie eine Maschine dem Menschen bei der Herstellung des Saftes hilft.** Beim Pressen, Befüllen der Flaschen, Verarbeitung zu== Maische, helfen Maschinen dem Menschen.	3
9. **Manchmal kann man in einer Kelterei direkt seinen Saft kaufen. Warum ist dieser dann günstiger?** Weil man sich den Transportweg, die Lagerung in einem Supermarkt sowie dessen Angestellte spart, die den Saft in die Regale stellen müssen.	3
10. **Manchmal werden auch Saftarten gemischt. Man kann zum Beispiel Apfel-Papayasaft, Apfel-Bananensaft oder Apfel-Mangosaft kaufen. Dieser ist teurer als der reine Apfelsaft. Warum?** Äpfel wachsen in unserem Land. Bananen, Papayas und Mangos nicht. Diese müssen erst zu uns transportiert werden, um dann dem Saft beigemischt werden zu können. Wir müssen den Transport bezahlen, daher ist dieser Saft teurer.	2

2 Notenschlüssel

Hier findest du verschiedene Notenschlüssel. Suche die Punktzahl, die der Gesamtpunktzahl in deiner Übungsprobe gleich bzw. am nächsten kommt. Schau dann, in welchen Punktebereich deine erreichte Punktzahl fällt, darunter findest du dann deine erzielte Note.

Note Gesamt-punktzahl	1	2	3	4	5	6
20	20 - 18	17,5 – 15,5	15 – 13	12,5 - 10,5	10 - 8	7,5 - 0
21	22 - 20	19,5 - 17,5	17 - 15	14,5 - 11	10,5 - 8	7,5 - 0
22	22 - 20	19,5 - 17,5	17 - 14,5	14 - 11,5	11 - 8	7,5 - 0
23	23 - 21	20,5 – 18,5	18 – 15,5	15 - 12,5	12 - 8,5	8 - 0
24	24 – 22	21,5 - 19	18,5 - 16	15,5 - 12,5	12 - 8	7,5 - 0
25	25 – 23	22,5 - 20	19,5 - 16,5	16 - 13	12,5 - 8	7,5 - 0
26	26 – 24	23,5 – 22	21,5 - 18	17,5 -13,5	13 - 10,5	10 - 0
28	28 – 26	25,5 – 23	22,5 – 19	18,5 – 15	14 - 10	9,5 - 0
29	29 – 26,5	26 – 23,	22,5 – 19	18,5 – 15	14,5 - 10	9,5 - 0
30	30 – 27	26,5 - 23,5	23 – 19,5	19 – 15,5	15 – 11	10 – 0
31	30 – 27	26,5 - 23,5	23 – 20	19,5 – 16	15,5 – 11	10 – 0
32	32 – 29	28 - 25	24 – 21	20,5 – 16,5	16 – 11	10 – 0
33	33 – 30	29,5 – 26,5	26 – 22,	21,5 - 17,5	17 – 12	11,5 - 0
34	34 – 31	30,5 – 27	26,5 – 23	22,5 - 18	17 – 12	11,5 - 0
35	35 – 32	31,5 – 28	27,5 - 24	23 - 19	18 - 12	11 -0
36	36 – 33	32,5 – 29	28,5 – 24,5	24 – 18,5	18 - 12	11 - 0
37	36 – 33,5	33 – 29,5	29 – 25	24,5 – 19	18,5 - 12	11 - 0
38	38 – 35,5	35 – 31	30 – 25,5	25 – 20	19 – 14	13,5 - 0
39	39 – 35	34,5 – 30	29,5 – 25	24,5 – 20	19,5 – 14	13,5 - 0
40	40 – 36	35,5 -31,5	31 – 26,5	26 - 20,5	20 - 15	14 – 0
41	41 – 37	36,5 -32,5	32 – 27,5	27 - 21	20 - 15	14 – 0
42	42 – 38	37,5 -33	32,5 - 28	27 - 22	21 - 15	14 - 0
43	43 – 39	38,5 -33	32,5 - 28	27 - 22	21,5 - 15	14 - 0
45	45 – 41	40 – 35,5	35 – 30	29,5 - 24	23,5 - 18	17 - 0
46	46 – 42	41 - 36,5	36 – 31	29 - 23,5	23 - 17	16 - 0
48	48 – 43,5	43 - 38	37 – 32	31 – 25	24 - 17	16 - 0
49	49 – 45	44 - 39	38 – 33	32 - 26	25 - 18	17 - 0
50	50 – 45,5	44,5 - 39,5	39 – 34	33 - 26	25 - 18	17 - 0
51	51 – 45	44 - 39	38 – 33	32 - 26	25,5 - 18	17 - 0
52	52 – 47	46 - 41	40 – 35	34 -27	26 - 19	18 - 0
54	54 – 49	47 – 41,5	41 – 35	34 – 28	27 - 19	18 - 0
56	56 – 51	50 – 44	43 – 37	36 – 29	28 - 20	19 - 0
58	58 – 52	51 – 45	44 – 38	37 – 30	29 - 20	19 - 0

2.2.2 Probe 2 zum Thema Gemeinde

1. Welche Aufgaben gehören nicht zum Aufgabenfeld einer Gemeinde: Streiche durch. 4

Müllabfuhr	Polizei	Beleuchtung von Straßen und Plätzen	Reitställe
Feuerwehr	Kinoprogramm	Seniorenheime	Straßenbau

2. Nenne 4 weitere Beispiele für Aufgaben der Gemeinde! 4

3. Wie wird man Bürgermeister? 3

4. Von wem wird der Bürgermeister gewählt und wie lange ist seine Amtszeit? 2

5. Wenn bei einem Bürgerentscheid nicht mindestens jeder zehnte Bürger teilnimmt, ist er nicht erfolgreich. Versuche zu begründen! 2

6. Welche Mitbestimmungsmöglichkeiten haben die Bürger? 3

7. Wann wird ein Antrag im Gemeinderat abgelehnt? ✎ ______________________________ ______________________________	2
8. Nenne einen Gemeindemitarbeiter und beschreibe dessen Aufgabe! ✎ ______________________________ ______________________________	2
9. Für verschiedene Angelegenheiten müssen die Bürger ins Rathaus. Nenne zu den untenstehenden Beispielen das entsprechende Amt. • Nina braucht einen Kinderpass. ____________ • Familie Bauer will ein Haus bauen. ____________ • Paul und Pauline möchten heiraten. ____________ • Familie Maier zieht in deine Stadt. ____________	4
10. Woher bekommt die Gemeinde ihr Geld? Nenne die beiden Einnahmegruppen und je ein Beispiel!	4

Einnahmequelle	**Beispiel**

Viel Erfolg!

Von 30 Punkten hast du _____ Punkte erreicht.

2.2.3 Probe 3 zum Thema Gemeinde

1. Was ist eine Gemeinde? Erläutere den Begriff? ✎ ______ ______ ______	2
2. Von wem wird eine Gemeinde geleitet? ✎ ______ ______	2
3. Welche Ämter gibt es im Rathaus? Nenne 4 Beispiele! ✎ ______ ______	4
4. Kreuze die richtige Aussage an! o Der Bürgermeister wird von den Gemeinderäten gewählt. o Der Bürgermeister wird von allen Bürgern gewählt. o Der Bürgermeister wird vom Landrat eingesetzt. o Der Bürgermeister wird vom Ministerpräsidenten bestimmt.	1
5. Von wem wird der Stadtrat gewählt? ✎ ______	1
6. Was ist der Unterschied zwischen Einwohner und Bürger einer Gemeinde? ✎ ______ ______	2
7. Woher kommt das Geld um die Kosten der Gemeinde zu decken? o Hundesteuer o Mineralölsteuer o Lohnsteuer o Grundsteuer o Gewerbesteuer o Mehrwertsteuer	2
8. Für welche Aufgaben ist die Gemeinde zuständig? Nenne 4 Beispiele! ✎ ______ ______	4

9. Wie läuft eine Gemeinderatssitzung ab? 1. ____ 2. ____ 3. ____ 4. ____ 5. ____ 6. ____	6
10. Wie alt musst du sein, damit du einen Gemeinderat oder Bürgermeister wählen darfst? ✎ ____	1
11. Sind alle Gemeinderatssitzungen öffentlich? ✎ ____	1
12. Eine Entscheidung des Gemeinderats hat Gültigkeit- ○ nach einer mehrheitlichen Abstimmung. ○ wenn der Bürgermeister dafür stimmt. ○ wenn die Hälfte der Gemeindemitglieder dafür ist.	1
13. Für welchen Zeitraum wird der Gemeinderat gewählt? ✎ ____	1
14. Erkläre den Unterschied zwischen Bürgerbegehren und Bürgerentscheid! ✎ ____ ____ ____ ____ ____	2

Viel Erfolg!

Von 30 Punkten hast du ____ Punkte erreicht.

2.2.4 Probe 4 zum Thema Gemeinde

1. Alle ______________, Jugendliche und Erwachsene, die in einer __________________ leben, nennt man ________________________. Menschen über 18 Jahre nennt man __________________. Alle Gemeindemitglieder dürfen, sofern sie EU-Bürger sind und mindestens 3 Monate in der Gemeinde leben, alle _____ Jahre den___________________ und den ___________________ wählen. Man spricht bei dieser Wahl von der____________________________.	4
2. Woher bekommt unsere Gemeinde ihr Geld? - durch ________________, z.B.________________________ - durch ________________, z.B.________________________	2
3. **Setze ein:** Menschen, die in einem Ort wohnen, gehören zu einer ____	1
4. Wie viele Stadträte/ Gemeinderäte hat deine Stadt / Gemeinde? ____	1
5. Wie heißen der Bürgermeister und seine 2 Stellvertreter? ____ ____ ____	2
6. Wie kann ein Bürgermeister Behinderten das Leben in seiner Gemeinde erleichtern? (2 Möglichkeiten) ____ ____ ____ ____ ____ ____	2

7. Welches Amt ist zuständig. Fülle aus. Manche Ämter können auch mehrmals vorkommen! 9

Brunhilde ist schrecklich verliebt und entschließt sich daher ihren Ferfried zu heiraten (________________________).

Kaum ein Jahr später bekommt sie ihr Wunschkind Bruno und möchte seine zahlreichen Namen eintragen lassen (________________________________).

Eine Weile genießt Brunhilde klein Bruno sehr, doch dann beginnt er dauerhaft zu schreien und sie entschließt sich, dass sie sich davon täglich mehrere Stunden ausruhen muss und sie daher ein Au pair Mädchen aus Südafrika kommen lässt. Mit diesem besucht sie erst einmal der/die/das (______________________________) und überlässt ihr dann das schreiende Kerlchen.

Da nun auch das Au pair Mädchen bei ihnen lebt, wird Brunhilde die Wohnung zu klein und sie bittet Ferfried schnellst möglich ein Haus zu bauen. Sofort eilt Ferfried zum (____). Bald wir das Geld knapp und Brunhilde entschließt sich ein Geschäft für Babymode und vergoldete Schnuller zu eröffnen und lässt Ferfried dafür zum Rathaus laufen. Wohin muss er? ______________________________________ Kaum verlässt er das Rathaus schon bemerkt er den Verlust seines Geldbeutels und Brunhilde schickt ihn gleich noch zum ____. Die Wirtschaftskrise kommt und Ferfried kann daher auch sein Haus nicht mehr bezahlen und zieht mit seiner Familie lieber in eine andere Stadt zu seinen Großeltern und fängt ein neues Leben an. Da er sicherheitshalber nie wieder zu einem Amt will, schickt er Brunhilde jetzt zum ____________________________, um seinen Umzug zu melden. Auf dem Weg dorthin wird Brunhilde gebeten ihren Kampfhund anzuleinen, was sie nicht machen möchte. Herr Grünberg ruft darauf hin beim ____ an. Brunhilde ärgert sich darüber so sehr, dass sie auf der Stelle stirbt. Nun muss Ferfried zum ________________ und ihren Tod melden.

8. Die Schüler der Dorfschule in Apfelhausen hätten gerne einen neuen Sandkasten. Wer entscheidet darüber, ob dieser aufgestellt werden darf? 2

✎ ____

____

____

____

9. Was ist Demokratie? Kreuze an, was zutrifft: 3

In einer Demokratie gilt -

O es wirken alle mit.

O nur einer ist für alle verantwortlich.

O die Mehrheit entscheidet.

O es bestimmt nur einer.

O es trägt jeder Verantwortung.

O es entscheidet der, der Geld hat.

10. Ergänze den Lückentext: 4

Der ____________________ ist für die Geldgeschäfte in der Gemeinde zuständig. Er schreibt den ____________________. Die ____________________ sollten größer sein als die ____________________, damit die Stadt keine Schulden macht.

11. Heute ist Wahltag und Papa und Mama haben gar keine Lust zu wählen. Warum sollten sie es dennoch tun? 1

✎ ____

____

____

Viel Erfolg!

Von 31 Punkten hast du _____ Punkte.

3 Stadtgeschichte München

Hier steht die Stadtgeschichte München, als Landeshauptstadt Bayerns exemplarisch. In der Regel wird die nächste Stadt, die in Schulnähe liegt und von geschichtlichem Interesse ist, besprochen.

3.1 Ansiedlung der Bajuwaren:

Die Bajuwaren entwickelten sich aus den Völkern der Kelten, Germanen und Römer.

Bereits um 700 n. Chr. siedelten sich bajuwarische Siedler auf den Hochufern der Isar an. Sie rodeten die Wälder und nutzten den fruchtbaren Boden. Die Siedlungen wurden jeweils nach ihrem Sippenältesten (Stammesgründer) benannt.

Beispiele:**Sippenältester**	**Leute um Sippenältesten**	**Stadtteil heute**
Swapo	Swapinga	Schwabing
Sentilo	Sentilinga	Sendling
Pooso	Pasinga	Pasing
Kyso	Kysinga	Giesing
Fero	Feringa	Föhring
Manzo	Manzinga	Menzing
Haito	Haitinga	Haidhausen

Tipp: Auf die Rechtschreibung achten, ansonsten droht Punktabzug!

3.2 Woher kommt der Name „München"?

Um 1000 n. Chr. ließen sich Benediktiner Mönche aus Tegernsee auf dem „Petersbergl" nieder, wo sie eine Kirche (heute „Alter Peter") und ein Kloster bauten und vor dem Hochwasser der Isar sicher waren. Sie fingen an den christlichen Glauben zu verbreiten und bald nannte man die Ansiedlung nur „zu den Munichen". Durch schnelle Aussprache wurde hieraus im Laufe der Jahre der heutige Name „München".

Auch das heutige Stadtwappen - „Das Münchner Kindl" erinnert noch an die Mönche. Es stellt einen Mönch dar, der in der linken Hand ein Buch mit den Stadtrechten hält und die rechte Hand zum Schwur hebt.

3.3 Heinrich der Löwe

3.3.1 Die erste Isarbrücke

Die erste Brücke über die Isar wurde bei Oberföhring erbaut. Alle kostbaren Fuhren in Richtung Augsburg, Ulm, Allgäu, zum Bodensee und bis in die Schweiz mussten über diese Brücke. Jeder Salztransport über diese Brücke musste ein Silberstück als Zoll an den Bischof von Freising bezahlen, dem Markt und Brücke zu Föhring gehörten. Dies war eine enorme Einnahmequelle für den Bischof.

Das Gebiet um Munichen unterstand seit 1156 dem Herzog Heinrich der Löwe. Heinrich der Löwe wollte, dass die Fuhrwerke die Isar in seinem Hoheitsgebiet überquerten und erbaute eine neue Brücke bei Munichen. Sobald seine Brücke fertig gestellt war, ließ er im Jahr 1157 die Föhringer Brücke des Freisinger Bischofs niederbrennen. Nun mussten die Fuhrwerke durch Munichen und ihren Zoll an den Herzog abgeben. Der Bischof wollte sich dies jedoch nicht einfach gefallen lassen und erhob bei seinem Neffen dem Kaiser Friedrich Barbarossa Anklage gegen Herzog Heinrich der Löwe. Der Kaiser entschied, dass Heinrich der Löwe 1/3 seiner Einnahmen aus Zoll, Markt und Münze an den Bischof von Freising abzugeben hat.

3.3.2 Stadtgründung

Die offizielle Stadtgründungsurkunde wurde von Kaiser Friedrich Barbarossa am 14.06.1158 mit Unterschrift und Siegel ausgestellt. Hierin wird der Markt zu Munichen zum ersten Mal erwähnt. Deshalb gilt dieses Datum als Gründungsdatum, obwohl unsere Landeshauptstadt eigentlich viel älter ist.

3.3.3 Wirtschaftlicher Aufstieg und Entwicklung Münchens

Herzog Heinrich der Löwe erteilt Munichen das Markt-, Zoll- und Münzrecht, sowie das Recht Gericht zu halten. In Munichen siedelten mehr und mehr Handwerker an und die Stadt wurde immer größer. Sie wurde auch Heinrichstadt genannt. Es entstanden Gassen und jeder konnte sein Haus bauen, wo er wollte.

Die damaligen Häuser bestanden aus einem Raum, waren aus Holz gebaut und mit Stroh bedeckt. Am Markttag ging es auf dem Marktplatz lebhaft zu. Güter wie Obst, Gemüse, Getreide, Eier, Wein, Tuch, Leder, Eisen und auch Tiere wurden feilgeboten.

- Marktrecht: Die Münchner dürfen einen Markt abhalten, um ihre Ware dort zu verkaufen.
- Münzrecht: Die Münchner dürfen ihr Geld (Münzen) selbst herstellen.
- Zollrecht: Jedes Fuhrwerk, musste zum Überqueren der Brücke Geld bezahlen.

3.3.4 Das kostbare Salz:

Am meisten verdiente die Stadt am Salz, auch ‚weißes Gold' genannt. Die Salzstraßen nannte man auch ‚goldene Stiegen'. Das Salz kam auf Fuhrwerken aus den Salzbergwerken von Berchtesgaden und Bad Reichenhall, wurde in Stadeln gelagert und mit viel Gewinn weiterverkauft.

Salz wurde in Fässern, Säcken, Scheiben und Fuder gehandelt.

Der Salzkaufmann hieß ‚Salzstößler', weil er große Brocken Salz zerstoßen (verkleinert) hat.

Salz war lebensnotwendig und wurde verwendet zum

- Würzen von Speisen
- Konservieren
- Einsalzen (verhindern von Fäulnis)

3.3.5 Die erste Stadtmauer

Um seine Stadt vor Feinden und Gefahren zu schützen, ließ Herzog Heinrich der Löwe im Jahr 1175 eine Stadtmauer um Munichen errichten, die umgeben war von Seitenarmen der Isar und anderen Bächen. Munichen glich nun einer Festung.

Im Osten stand der Talbruckturm, im Westen der Kufringerturm (Schöne Turm), im Süden der Blau-Enten-Turm (Inneres Sendlinger Tor) und im Norden ragte am Ende der Weingasse der Schäfflerturm und am Ende der Dienergasse der Krümbleinturm empor.

Leider blieb uns kein Turm der 1. Stadtmauer erhalten.

3.3.6 Heinrich der Löwe fällt in Ungnade

Der Zuzug nach München wird immer größer und München gewinnt immer mehr an Bedeutung. Schon bald wohnen ca. 2.500 Menschen in München – im Mittelalter ist dies schon eine recht große Stadt!

Heinrich der Löwe gründet weitere Städte und wird sehr mächtig. Er kümmert sich wenig um seine Pflichten gegenüber dem Kaiser Friedrich Barbarossa. Als dieser ihn eines Tages um Beistand im Krieg gegen Italien bittet, verweigert er ihm jegliche Unterstützung. In seinem Übermut hat Heinrich wohl die Macht eines Kaisers unterschätzt. Friedrich Barbarossa nimmt dem Herzog seine Länder weg und jagt ihn fort.

Über Nacht ist der mächtige und angesehene Heinrich ein armer, verfolgter und rechtloser Mann. Er flieht zu seinen Verwandten nach England.

3.4 Das Geschlecht der Wittelsbacher

Im Jahr 1180 verschenkt Kaiser Friedrich Barbarossa Bayern an Otto I. von Wittelsbach, der ihm im Krieg treu gedient hat. Die Wittelsbacher regieren fast 800 Jahre in Bayern.

Neben Otto I. machen sich zwei Nachfolger in München verdient. Ludwig der Strenge und sein Sohn Ludwig der Bayer bauen sich in München eine große Burg, den alten Hof. Unter ihrer Herrschaft erblüht München weiter und wird größer und schöner.

3.4.1 Die zweite Stadtmauer

Ludwig der Bayer ließ um 1300 die 2. Stadtmauer errichten, da die Stadt aus allen Nähten platzte. Die Stadtmauer steht ca. im Abstand von 300 m - 400 m zur 1. Stadtmauer. Auch die neue Mauer wird von einem schützenden Graben umringt. Heute stehen noch drei Tore der zweiten Stadtmauer: Isartor, Karlstor und Sendlinger Tor, wobei das Isartor das einzige in seinem Ursprung erhaltene Tor ist. Das Schwabinger Tor steht leider nicht mehr. Nach und nach wurden diverse Nebentore gebaut. Mit dem Abendläuten wurden alle Tore verschlossen, außer dem so genannten Einlasstor. Wer sich verspätet hatte, konnte hier noch Einlass finden, dafür verlangte der Torwächter aber fünf Kreuzer.

3.5 Proben zum Thema Stadtgeschichte München

3.5.1 Probe 1 zum Thema Stadtgeschichte München

1. Was ist auf dem Münchner Stadtwappen zu sehen? Beschreibe genau! ✎ ______ ______ ______ ______	3
2. Weshalb wurde diese Figur gewählt? ✎ ______ ______ ______	2
3. Welchem bayerischen Herzog gelang es, München bekannt zu machen? ______	1
4. Wie erreichte dies der Herzog? Kurze Erklärung! ✎ ______ ______ ______ ______	3
5. Wie lautet das Gründungsjahr Münchens? ✎ ______	1
6. Welcher Kaiser stellte hierfür die Gründungsurkunde aus? ✎ ______	1
7. Welche Rechte verlieh der Herzog der Stadt? Erläutere sie kurz! ✎ ______ ______ ______	3

8. Was war damals das kostbarste Gut der Münchner und wozu wurde es genutzt? ✎ ____________________ ____________________ ____________________ ____________________	4
9. Weshalb fällt der Herzog beim Kaiser in Ungnade? ✎ ____________________ ____________________ ____________________	3
10. Wie heißt das Geschlecht, das ab 1180 nach Chr. in Bayern regiert? ✎ ____________________	1
11. Wie lange wird Bayern von diesem Geschlecht regiert? ✎ ____________________	1
12. Wodurch sollte die Stadt vor Feinden und Gefahren geschützt werden? ✎ ____________________	1
13. Aus welchen Völkern sind die Bajuwaren entstanden? ✎ ____________________	3
14. Die Bajuwaren lebten in kleinen Siedlungen in den Isarauen, die sie nach ihrem Sippenältesten benannten. Welche Siedlungen kennst du und nach wem wurden sie benannt? Nenne 3 Beispiele! ✎ ____________________ ____________________ ____________________	6

Viel Erfolg!
Von 33 Punkten hast du _____ Punkte erreicht.

3.5.2 Probe 2 zum Thema Stadtgeschichte München

1. Welches Volk hat sich vor mehreren Jahrhunderten rund um München angesiedelt? Zu welcher Zeit war dies?	2
2. Nenne den Sippenältesten, der Schwabing gegründet hat?	1
3. Welche heutigen Stadtteile kennst du, die auch nach den früheren Stammesführern benannt worden sind? Nenne 3 Stadtteile!	3
4. Welche Siedler zogen vor knapp 900 Jahren nach München!	1
5. Wo bauten sie ihre erste Kirche/Kloster und weshalb bauten sie diese genau an diesem Ort? Erkläre kurz!	3
6. Wie heißt diese Kirche heute?	1
7. Wie entstand der Name München?	2

8. Fülle die Lücken im Text! Herzog ____________ der __________ ist der _________ der Stadt München. Kaiser ________________________________ stellte hierfür am _____._____._____ die Stadtgründungsurkunde aus. Um sich vor ________________________________ zu schützen erbaute man die erste ____________________________ um München. Dies geschah im Jahr __________________.	8
9. Der Herzog verlieh München folgende Rechte: ____ ____	3
10. Wodurch entstand der Wohlstand in München? ____ ____ ____	3
11. Hatte München auch Abgaben zu leisten? ____ ____ ____	2
12. Wie kommt das Geschlecht der Wittelsbacher in Bayern an die Macht? ____ ____ ____	3
13. Nenne 3 Herrscher aus dem Geschlecht der Wittelsbacher? ____ ____ ____	3

Viel Erfolg! Von 34 Punkten hast du _____ Punkte erreicht.

3.5.3 Probe 3 zum Thema Stadtgeschichte München

1. Erkläre in eigenen Worten die Entstehung Münchens! ✏ ______________________ ______________________ ______________________ ______________________ ______________________ ______________________	6
2. Erkläre den Aufschwung Münchens! ✏ ______________________ ______________________ ______________________ ______________________ ______________________ ______________________	6
3. Welche Herrscher waren dafür zuständig, das München immer schöner und größer wurde! ✏ ______________________ ______________________	2
4. Wie haben sie München verschönert? ✏ ______________________ ______________________	2
5. Weshalb wurde die 2. Stadtmauer gebaut? ✏ ______________________ ______________________	2
6. Welche Bedeutung hatte das ‚Einlasstor'? ✏ ______________________	1

7. Nenne 4 Tore oder Türme der ersten Stadtmauer! ✎ ______ ______ ______ ______	4
8. Nenne 4 Tore oder Türme der zweiten Stadtmauer! ✎ ______ ______ ______ ______	4
9. Nenne die 4 ältesten Straßen in München? ✎ ______ ______ ______ ______	4
10. Welches Münchner Stadttor ist das Einzige, das in seiner alten Form einigermaßen erhalten geblieben ist? ✎ ______	1
11. Welcher Tag gilt als der Geburtstag Münchens? ✎ ______	1
12. Wer stellte die Gründungsurkunde aus? ✎ ______	1

Viel Erfolg!

Von 34 Punkten hast du ____ Punkte erreicht.

3.5.4 Probe 4 zum Thema Stadtgeschichte München

Aufgabe	Punkte
1) Noch heute kann man die bajuwarischen Siedlungen an der Endung „ing" erkennen. Fülle die Tabelle richtig aus!	9

Name des Stadtteils heute	Name der Siedlung früher	Sippenältester

Aufgabe	Punkte
2) Aus welcher Sprache kommt der Name „Isar" und was bedeutet er? ____________________ ____________________	2
3) Wann kamen die ersten Mönche in die Gegend von München? Kreuze an!	1

	500 vor Christus
	520 nach Christus
	1120 vor Christus
	1809 nach Christus
	900 nach Christus

Aufgabe	Punkte
4) Auf einer kleinen Anhöhe im Isartal wurde eine Kirche erbaut. Wem wurde diese geweiht? ____________________	1
5) Nenne zwei Tortürme, welche die Hauptgassen von Munichen absperrten!	2

Aufgabe	Punkte
6) Welches Jahr gilt als Gründungsjahr Münchens? ____________________	1
7) Welche zwei einflussreichen Männer stritten sich damals um den sogenannten Brückenzoll?	2

Von 18 Punkten hast du ___ erreicht.

4 Thema Müll

4.1 Zusammenfassung zum Thema Müll

4.1.1 Abfallverwertung

Es gibt zwei verschiedene Abfallgruppen:

a) Wertloser Abfall = Restmüll, man kann ihn nicht wiederverwerten.

b) Wertstoffe = wieder verwertbare Stoffe, sie können recycelt werden.

Deshalb wird der Müll getrennt. In großen Städten gibt es meist das 3 Tonnen System:

Die **blaue Papiertonne** für:

Pappe, Papier, Kataloge, Zeitungspapier, Schuhkartons (gefaltet), Zeitschriften, Bücher, Geschenkpapier.

Aber nicht: Milchverpackungen, Saftverpackungen, Sahnebecher, da diese innen beschichtet sind.

Die **braune Biotonne** für:

Kaffeesatz, Gemüseabfälle, Obstreste, Erde, Blätter, Blumen, Kartoffelschalen (aber nur roh), Bananenschalen, Teebeutel, Eierschalen.

Aber nicht: gekochte Speisereste, angemachter Salat.

Die graue Restmülltonne

Gekochte Speisereste, angemachter Salat, Windeln, Wattestäbchen, Staubsaugerbeutel, Getränkekartons, Porzellan, Zahnbürste, CD, Kugelschreiber.

Um die Mülltrennung zu vereinfachen, hat die Stadt so genannte Wertstoffinseln eingerichtet, die in jedem Stadtteil zu finden sind. Dort stehen: Glascontainer, Metallcontainer und Kunststoffcontainer.

Glascontainer: Flaschen (ohne Pfand), kaputte Trinkgläser, Gurken- und Marmeladengläser, Babygläschen. (kein Fensterglas)

Kunststoffcontainer: Plastikflaschen (ohne Pfand), Plastiktüten, Joghurtbecher, Folien, Zahnpastatuben, Deostift, Margarineschachteln, Shampoobehälter, Waschmittelbehälter.

Metallcontainer: Aluminium, Alufolie, Schraubverschlüsse, Joghurtdeckel, Blechdosen.

Für große Mengen an Problemmüll muss man zum **Wertstoffhof** fahren. Dort stehen große Behälter, in denen der Abfall getrennt gesammelt wird.

Metall: Kronleuchter, Töpfe, Fahrräder, Metallstühle.

Kunststoff: viel Styropor.

Sperrmüll: Möbel und andere große Dinge (Matratzen).

Problemmüll und Sondermüll kommt zum Wertstoffhof oder zum Giftmobil.

Sondermüll: Lacke, Kühlschränke, Chemikalien, Öle, Thermometer, Spiritus.

Medikamente werden zu Apotheken gebracht, Batterien zurück in die verkaufenden Geschäfte.

4.1.2 Aus alt mach neu

Wenn man aus alten Wertstoffen neue Produkte macht, nennt man das Abfallverwertung = **Recycling**.

- Aus Biomüll macht man wieder Erde = Humus, dazu tragen kleine Lebewesen wie Würmer und die Witterung bei.
- Aus Altpapier entsteht neues Papier; das Altpapier wird zerkleinert und mit Wasser gemischt, es entsteht ein Papierbrei. Fremde Stoffe werden entfernt. In der Papiermaschine wird der Brei gewalzt bis neue Bögen Rohpapier entstehen.
- Blechdosen werden bei großer Hitze geschmolzen und wieder zu neuen Dosen in Form gegossen.
- Altglas (nach Farbe sortiert) kommt in die Glashütte, wird mit Sand, Kalk und Soda vermischt, kommt dann in den Schmelzofen und wird danach wieder in Form gegossen.
- Altkunststoffe werden geschmolzen (z.B. Spül - und Shampoo-Flaschen, Bonbontüten) und in eine neue Form gegossen (Flaschenkästen, Campingstühle).

Altpapier kann nicht beliebig oft wieder verwendet werden! Man benötigt immer wieder neue **Zellstofffasern**. Es entsteht hier **kein vollständiger Kreislauf** der Natur! Auch wird viel **Wasser verschmutzt** und Papier landet im Müll. Daher Papier auch sparen!

4.1.3 Die Mülldeponie

Der Restmüll muss vor der Ablagerung behandelt werden. Dies geschieht vor allem thermisch, d.h. in der Müllverbrennungsanlage.

Wie entsteht eine Mülldeponie?

Ein riesiges Loch wird ausgehoben und mit einer *Tonschicht* und einer *starken Folie* abgedichtet, um das Grundwasser vor Giften zu schützen.

Dann werden auf dem Boden Rohre verlegt, damit das schmutzige *Sickwasser* nicht hochsteigen kann. Das Sickwasser wird abgepumpt und in einer **Reinigungsanlage** gereinigt.

Da durch den Restmüll auch Gase entstehen, baut man auch einen **Gasbrunnen**. Dieser führt die Gase an die Erdoberfläche, wo sie verbrannt werden und teilweise zur **Stromerzeugung** genutzt werden.

Jetzt kommt auf den Boden eine Kiesschicht, dann kann der Müll abgeladen werden. Ein **Kompaktor** zerkleinert den Müll und verdichtet ihn. So reduziert sich die Müllmenge um 1/3.

Oft wird zwischen die einzelnen Schichten **Bauschutt** geladen, damit es nicht so stinkt. Auf manche Müllberge kommt Erde und sie werden **bepflanzt**.

4.1.4 Die Müllverbrennungsanlage

So funktioniert die Müllverbrennungsanlage:

1) Der Lastwagen lädt den Müll in einen Schacht. Der Müll wird im Müllbunker gesammelt.
2) Der Kran befördert den Müll zur Brennkammer. Hier wird der Müll bei 1000 Grad Celsius verbrannt.
3) Ein Band befördert die Reste zu einem Magneten, der das Metall heraus zieht.
4) Der Metallschrott wird durch einen Schacht auf einen LKW geschüttet (zur Wiederverarbeitung)
5) Die restliche Asche (Schlacke) wird am Ende des Bandes durch einen Schacht auf einen anderen LKW geladen (zur Mülldeponie)
6) Bei der Verbrennung entstehen giftige Gase und kleine Ascheteilchen, die die Umwelt verschmutzen. Deshalb muss der Rauch gefiltert werden. Der Dreck aus dem Filter gehört in den Sondermüll!

4.2 Proben zum Thema Müll

4.2.1 Probe 1 zum Thema Müll

1. Was ist die Bedeutung des Wortes „Recycling"?	2
2. Erkläre, was eine Mehrwegflasche ist!	2
3. Wir sammeln unser Glas in Glascontainern auf den Wertstoffinseln. Was geschieht damit?	3
4. Richtig (R) oder falsch (F). Schreibe den richtigen Buchstaben in den Kreis! O Kleine Mengen an Sondermüll schaden der Umwelt gar nicht. O Sondermüll ist giftig und wird extra entsorgt. O Der Inhalt des Glascontainers wird in die Kompostierungsanlage gebracht. O Gekochte Abfälle gehören in den Restmüll und nicht in den Kompost.	2
5. Nenne 4 Wertstoff-Arten! Begründe, warum man Wertstoffe wiederverwertet!	4

6. Nenne vier Nachteile einer Mülldeponie und begründe diese. 	4
7. Beschreibe den Kreislauf des Biomülls! 	6
8. Der überwiegende Teil des Restmülls kommt zur Müllverbrennungsanlage. Nenne zwei negative und einen positiven Aspekt einer solchen Anlage!	3

Viel Erfolg!

Von 26 Punkten hast du ____ Punkte erreicht.

4.2.2 Probe 2 zum Thema Müll

1. Kreuze die RICHTIGEN Antworten an. Wohin gehört dieser Müll? O Peter wirft die leere Sprühlackdose in den Kunststoffcontainer. O Die Coladose sammelt Hans mit den Kunststoffen. O Die alte Zeitung wirft Paula jeden Morgen in die blaue Papiermülltonne. O Die Spaghetti mit Soße wirft mein Vater in die Restmülltonne. O Onkel Beppo bringt die zerbrochene Glasscheibe zum Glascontainer. O Petra wirft die Bananenschalen in die Biotonne.	3
2. Erkläre die Begriffe und gib jeweils 2 Beispiele an! **Problemmüll:** __________ __________ __________ **Wertstoffmüll:** __________ __________ __________ **Restmüll:** __________ __________ __________	6
3. Die Mülldeponie: a) Was befindet sich am Grund einer Mülldeponie und warum? __________ __________ b) Wie wird in einer Mülldeponie der Müll beseitigt? __________ __________ __________ __________ __________	7

4. Erkläre genau, wie die Müllverbrennungsanlage funktioniert!	6
5. Was alles soll in die braune Biotonne? Nenne 4 Beispiele! 	2
6. Notiere zwei Container und beschreibe was hinein kommt! 	2

Viel Erfolg!

Von 26 Punkten hast du ____ Punkte erreicht.

4.2.3 Probe 3 zum Thema Müll

1. **Beschrifte!** 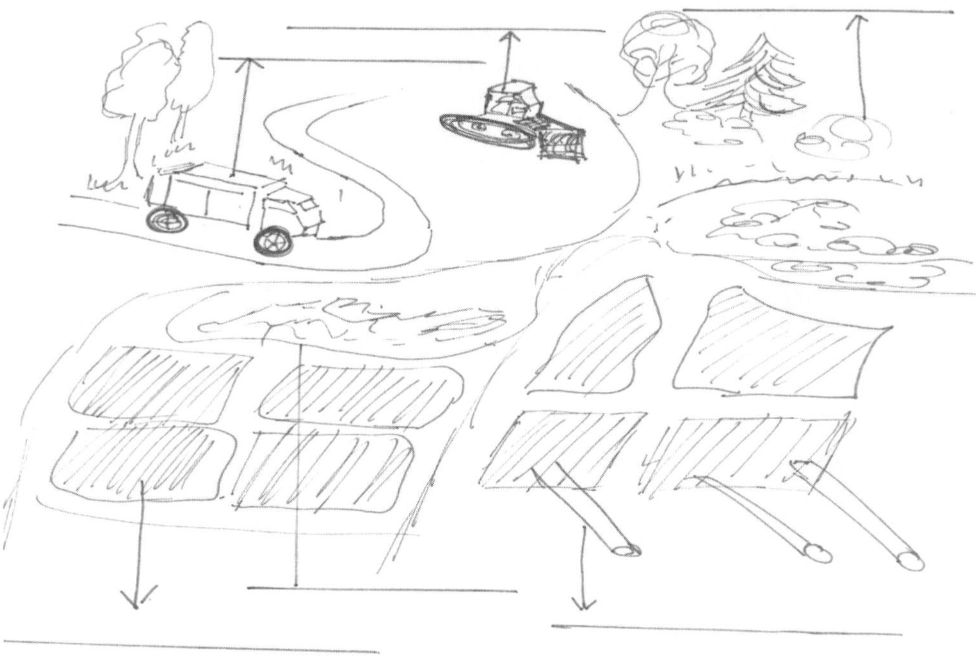	3
2. Erkläre den Begriff „Recycling"! Nenne 3 Möglichkeiten des Recyclings und erkläre diese genau!	7
3. In vielen Gemeinden haben wir das „Drei-Tonnen-System", nenne zwei Tonnen und jeweils zwei Beispiele, was in die Tonne kommt!	4

4. Nenne 4 Beispiele für Sondermüll!	2
5. Warum sollte man Papier sparen? Kann man Papier immer wieder aus Altpapier herstellen? Erkläre! Welche Nachteile es geben kann?	4
6. Was versteht man unter einer Wertstoffinsel? Warum hat die Stadt diese errichtet?	2
7. Was kannst du selbst tun, um Müll zu sparen? Nenne 3 Möglichkeiten!	3
8. Wo entsorge ich meinen Kronleuchter und wo meinen alten Hustensaft?	2

Viel Erfolg!

Von 27 Punkten hast du _____ Punkte erreicht.

5 Thema Wasser und Kläranlage

5.1 Zusammenfassung zum Thema Wasser

Ca. 70 % der Erde sind mit Wasser bedeckt, daher nennt man unsere Erde auch den „**Blauen Planeten**". Nur 30 % der Erde ist Festland. Die ersten Lebewesen kamen aus dem Wasser. Das Wasser ist für das Leben auf einem Planeten unersetzlich. Ohne Wasser wäre die Erde eine Wüste ohne Leben.

Viele Länder auf unserem Planeten leiden unter Wasserknappheit oder unter schlechter Wasserqualität. Wir haben Glück, für uns ist es selbstverständlich, dass wir immer Wasser haben, und dass wir das Wasser aus der Leitung trinken können, da wir eine hohe Wasserqualität haben.

Aggregatszustände:

Wasser ist nicht immer flüssig, es kann in drei verschiedenen Zustandsformen (**Aggregatszuständen**) vorkommen: **flüssig, fest oder gasförmig.**

Die Temperatur bestimmt den Aggregatszustand von Wasser:

- **Unter 0 Grad** Celsius gefriert Wasser und ist in einem **festen** Zustand
- **Zwischen 0 und 100 Grad** Celsius ist Wasser **flüssig**
- **Über 100 Grad** Celsius ist Wasser **gasförmig**, wir sprechen von Wasserdampf

Diese Zustände bilden einen Kreislauf.

Das Wasser gefriert und wird zu Eis, schmilzt und wird wieder zu Wasser, verdunstet oder verdampft, und es bildet sich Wasser - Dampf (H2O - Dampf). Der Dampf kondensiert, es entsteht wieder Wasser.

Der Unterschied zwischen Verdunstung und Verdampfung:

verdunsten	**verdampfen**
langsam	schnell
unsichtbar	sichtbar
niedrige Temperatur	hohe Temperatur

Beispiele aus dem Alltag für „verdunsten":

- Wasser auf der Straße nach Regen
- Wasser aus Seen, Flüssen, Meeren
- Wasser auf der Schultafel nach dem Wischen
- Wasser aus der feuchten Wäsche auf der Wäscheleine

Beispiele aus dem Alltag für „kondensieren":

- Nach dem **Duschen kondensiert das Wasser auf dem Spiegel**. Die Wasserteilchen verdichten sich am kalten Spiegel, dadurch werden sie selbst kälter, und der Wasserdampf wird wieder flüssig und zu Wassertropfen.
- Wenn man eine **kalte Flasche aus dem Kühlschrank** holt, verdichtet sich das Wasser am kalten Glas der Flasche. Die Teilchen an dem kalten Glaskörper werden wieder flüssig und zu Wasserteilchen.
- Wenn man mit der **Brille** auf der Nase **aus der Kälte in die Wärme** kommt. Auch hier **verdichten** sich die Wasserteilchen auf dem kalten Glas und die Brille beschlägt.

Beispiele für „**verdampfen**":

- Wasser in einem Topf auf der Herdplatte, bei 100 Grad
- Heiße Dusche
- Inhalation bei Erkältungen
- Bügeln mit Dampfbügeleisen

Wie kann Wäsche am besten trocknen?

- große Oberfläche, also nicht zusammengefaltet aufhängen.
  (Auf der Wäscheleine im Freien kann das Wasser am schnellsten verdunsten, da Wind und Sonne überall hinkommen.)
- Bei Wind, Wärme und Sonne.

Worin besteht der Unterschied zwischen Wassertröpfchen und Wasserteilchen?

Wasserteilchen sind **unsichtbar** und **entstehen bei der Verdunstung**. **Wassertropfen** sind **sichtbar**, bestehen aus vielen Wasserteilchen und **entstehen** bei der **Kondensation**.

Was passiert, wenn ich eine mit Wasser gefüllte, fest verschlossene Glasflasche über Nacht in das Gefrierfach lege?

Am nächsten Morgen ist die Flasche gesprungen. **Warum**? Durch die Kälte hat sich das Wasser ausgedehnt und ist gefroren. Dadurch benötigt es mehr Platz. Die volle Flasche ist zu eng und daher wird das Glas durch das Eis gesprengt.

(Variante: Bei Prosecco - oder Weinflaschen wird der Korken herausgedrückt).

Der Wasserkreislauf:

1. Das Wasser aus Flüssen, Seen und Meeren verdunstet durch die Sonneneinstrahlung.
2. In den höheren Luftlagen wird die Luft kühler und der unsichtbare Wasserdunst kondensiert, es bilden sich Wolken.
3. Treffen immer mehr Wassertröpfchen zusammen, wird die Wolke irgendwann zu groß und zu schwer, die Wolke bricht (Wolkenbruch) und es fängt an zu regnen.
4. Das Regenwasser fließt zurück in die Gewässer oder versickert im Boden und gelangt so ins Grundwasser.
5. An Quellen tritt das Wasser wieder aus dem Boden.

Wie entsteht **Grundwasser**?

Es regnet, das Regenwasser **versickert** im Boden und läuft durch die verschiedenen, **wasserdurchlässigen Schichten** (Sand, Humus, Kies). Es sickert bis zur Ton- oder Lehmschicht. Diese ist **wasserundurchlässig,** deshalb sammelt sich das Wasser dort, es entsteht Grundwasser.

Reicht die Tonschicht an die Erdoberfläche, tritt das Wasser an die Erdoberfläche und es entsteht eine **Quelle.**

Verschiedene Bodenschichten: (von oben nach unten)

- Humus ist *wasserdurchlässig*
- Sand ist *wasserdurchlässig*
- Kies ist *wasserdurchlässig*
- Grundwasser
- Ton, Lehm, Fels ist *wasserundurchlässig*

Während das Wasser durch die Erdschichten ***sickert***, wird es automatisch ***gereinigt***, deshalb kann man Quellwasser trinken.

5.2 Das Wetter

Das Wetter kann heutzutage bereits für mehrere Tage relativ genau vorhergesagt werden. Du kannst dir den Wetterbericht im Fernsehen ansehen, im Radio anhören, aus der Zeitung entnehmen oder auch im Internet (z.B. www.wetter.de) recherchieren.

5.2.1 Niederschlagsarten

Wir kennen folgende Niederschlagsarten:

- **Tau**: Nachts kühlt die Luft leicht ab. Der Wasserdunst in der Luft verdichtet sich zu Wassertropfen an Blättern, Zweigen und Gras.
- **(Rau)reif**: Tau gefriert in Nächten, bei denen es unter 0 ° Grad Celsius Temperatur hat, zu Rau**reif**.
- **Nebel**: Kalte Luftschichten verhindern das Aufsteigen der Wasserteilchen in der Luft. Wenn die Wasserteilchen in der Luft nicht sehr hoch steigen, verdichten sie sich zu Nebel.
- **Regen**: Wasserteilchen kühlen ab und verdichten sich zu Wolken. Es regnet, wenn sie zu schwer werden.
- **Hagel**: Hagelkörner sind gefrorene Wassertropfen. Kräftige Auf- und Abwinde treiben Wassertropfen durch die verschiedenen Temperaturbereiche, so dass sich durch Auftauen und Gefrieren Hagelkörner bilden. Die Hagelkörner werden immer größer, bis sie zu schwer werden, dann fallen sie oft so schnell herunter, dass sie nicht wieder auftauen können.
- **Graupel**: Regentropfen oder Schneeflocken fallen durch eine kalte Luftschicht, dann gefrieren diese und werden zu 2mm - 5mm großen körnigen Eisgebilden.
- **Schnee**: Wasserteilchen kommen in sehr kalte Luftschichten, kühlen sehr stark ab und wachsen zu leichten, lockeren Eiskristallen zusammen.

MERKE:

Die unterschiedlichen Niederschlagsarten werden durch die **unterschiedlichen Temperatur- und Windverhältnisse** beeinflusst.

5.2.2 Der Wetterbericht

Im Wetterbericht werden folgende Wettererscheinungen genannt:

Bewölkung, Niederschlagsart, Temperatur, Windstärke, Windrichtung, Hoch- und Tiefdruckgebiete, manchmal auch der Luftdruck.

In der Tabelle sind verschiedene meteorologische Ausdrücke den unterschiedlichen Wettererscheinungen zugeordnet:

Niederschlag	Wind	Bewölkung	Temperatur
Regen	leichte Brise	wolkenlos	kalt
Sprühregen/Niesel	Bö	bedeckt	warm
Hagel	Windstille	heiter	eisig
Schneefall	Sturm	bewölkt	kühl
Tau	Luftzug		heiß
Nebel	Orkan		

Wettersymbole

	sonnig		Bedeckt / bewölkt
	heiter bis wolkig		Nebel
	aufgelockert bewölkt		regnerisch
	Regenschauer		Regen
	Schneeschauer		Schnee
	Gewitter		Schneeregen

Quelle: http://www.wetter.com/wetter/wetter_symbole/

Wettermessgeräte: (meteorologische Messgeräte)

Messgerät	**Was wird gemessen?**
Thermometer 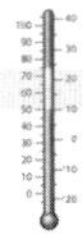	Temperatur (in Grad Celsius)
Hygrometer 	Luftfeuchtigkeit (in %) Die Luftfeuchte gibt den Anteil des Wasserdampfs in der Atmosphäre an.
Barometer 	Luftdruck (in Hektopascal), Bei schönem Wetter ist der Luftdruck höher als bei schlechtem Wetter. Steigt das Barometer, ist das ein Indiz auf Wetterbesserung, sinkt das Barometer, so wird das Wetter wahrscheinlich schlechter.
Niederschlagsmesser (Regenmesser) 	Regenmenge (in Litern) Gibt an, wie viel Flüssigkeit sich in einem definierten Zeitraum in einem Becken gesammelt hätte.
Anemometer 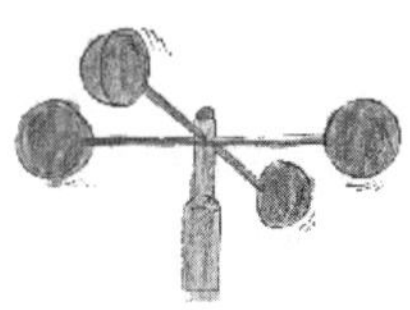	Windgeschwindigkeit (km/h), misst Stärke des Windes auf der Beaufort Skala, die nach Admiral Sir Francis Beaufort benannt ist. Die Windstärke wird auf dieser Skala von 0 - 12 eingeteilt. Windstärke 0 = Windstille Windstärke 3: dünne Zweige und Blätter bewegen sich Windstärke 8: Zweige brechen von Bäumen Windstärke 12: entspricht einem Orkan /Sturm
Windfahne / Windsack 	zeigt die Windrichtung an
SODAR	Windrichtung und Windgeschwindigkeit
Wettersatellit	funkt aus 800 - 36.000 km Höhe Wolkenbilder auf die Erde.

Wolkenarten

Du musst nicht alle Wolkenarten können! Vergleiche mit deinem Heft und lerne die Wolken genauer, die du auch tatsächlich in der Schule durchgenommen hast. Hast du die Wolkenarten nicht bearbeitet, kannst du es natürlich aus Interesse lesen, aber auch weglassen.

Wolkenname	**Höhe (in m)**	**Kurzbeschreibung**
Zirrus	5000-13700	Eiswolken in Form von weißen, feinen Fasern oder Bändern; federartiges Aussehen, seidiger Glanz; kündigen meist an, dass es keinen Niederschlag gibt. Zirruswolken werden auch **Schleierwolken** genannt
Kumulus	460-2000	einzelne dichte, weiße Haufenwolken; unterer Rand flach, oben blumenkohlförmig - deuten auf schönes Wetter hin **Schönwetterwolken**
Kumulonimbus	460-13700	dichte, turmförmige Haufenwolken mit dunkler Basis; häufig Schauerniederschlag und Gewitter („Gewitterwolken")
Zirrokumulus	5000-13700	dünne Eiswolkenschicht, entweder gleichmäßig verteilt oder feine **Schäfchenwolken**
Zirrostratus	5000-13700	durchscheinender Eiswolkenschleier; glatt oder faserig;
Altokumulus	2000-7000	ballen- oder walzenförmige, weiße oder graue Schichtwolken; grobe „Schäfchenwolken"; meist kein Niederschlag
Altostratus	2000-7000	faserige, gräuliche oder bläuliche Schichtwolken; Sonne verschwommen zu erkennen; oft folgt andauernder leichter oder mäßiger Niederschlag
Nimbostratus	900-3000	graue, dunkle, schwere Wolkenschicht („Regenwolken"); anhaltender Regen oder Schnee
Stratokumulus	460-2000	graue oder weiße Schichtwolken mit dunklen Flecken; ballen- oder walzenförmig; meist kein Niederschlag
Stratus	0 - 460	graue Wolkenschicht mit gleichmäßiger Untergrenze („Hochnebel"); Sprühregen oder feiner Schnee

Quelle: http://www.wissen.de/wde/generator/wissen/ressorts/natur/index,page=1144504.html

5.3 Zusammenfassung zum Thema Kläranlage

Im Klärwerk durchläuft das Schmutzwasser viele Stationen, bevor es gereinigt wieder in einen Fluss eingeleitet werden kann. Bei diesem Durchlauf fällt Klärschlamm an, der in luftdichten Behältern gesammelt werden muss. Dieser beginnt zu faulen und es entsteht Gas, welches zur Erzeugung von Strom und Wärme benutzt wird. Der entgiftete Klärschlamm kann als Dünger verwendet werden, ansonsten muss er auf der Mülldeponie entsorgt werden.

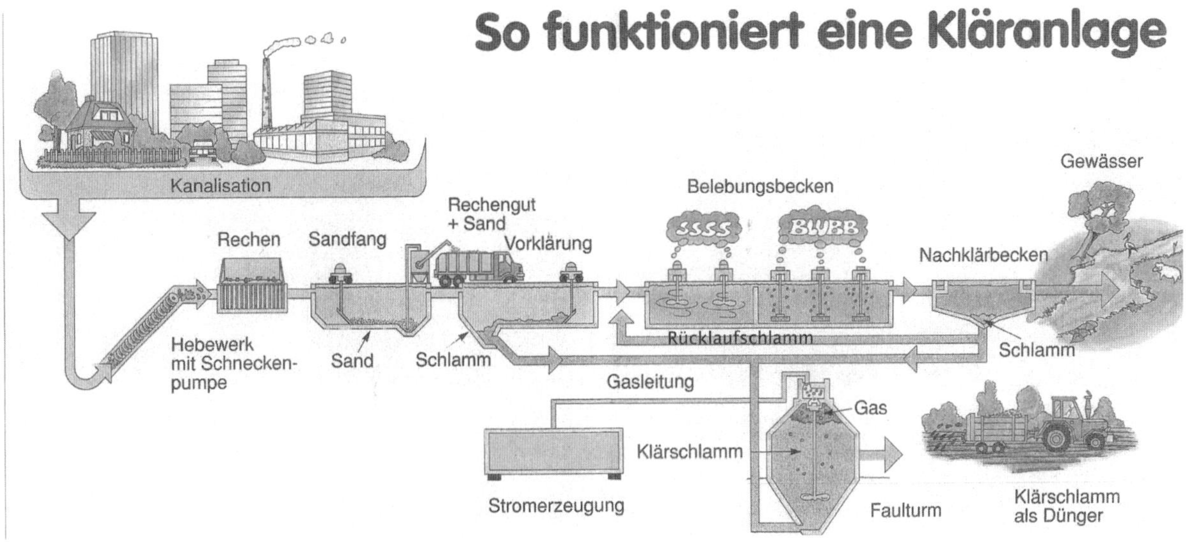

Wie gelangt das Wasser vom Grundwasser in den Haushalt?

- Das Grundwasser wird in Tiefbrunnen gefasst und ins Wasserwerk gepumpt.
- Im Wasserwerk wird das Wasser gefiltert und Bakterien werden unschädlich gemacht.
- Vom Wasserwerk aus wird das Trinkwasser über eine Steigleitung in den Hochbehälter gepumpt.
- Vom Hochbehälter aus führen Fallrohre zum unterirdischen Ortsnetz.
- Von dort verzweigen sich die Leitungen zu den einzelnen Häusern.

5.4 Proben zum Thema Wasser/Wetter/Kläranlage

5.4.1 Probe 1 zum Thema Wasser

1. Beschrifte diesen Wasserkreislauf! 	5
2. Nenne drei Zustandsformen des Wassers!	3
3. Der mit Wasser gefüllte Teekessel wird auf der Herdplatte vergessen. Als du zurückkommst, ist der Wasserkessel leer. Wie nennt man diesen Vorgang?	1
4. Erkläre die Entstehung einer Quelle!	5
5. Bei welcher Temperatur wechselt Wasser vom festen in den flüssigen Zustand?	1
6. Bei welchem Wetter hängt Oma besonders gerne ihre Wäsche im Garten auf? Begründe!	3

7. Kreuze an, in welchen Räumen schweben besonders viele Wasserteilchen? 2

O im Wohnzimmer

O im Schwimmbad

O im Klassenzimmer

O im Schlafzimmer

O im Bad

6

8. Trage die entsprechenden Niederschlagsarten ein!

Viele Wolken ganz nah am Boden = ❄ ______________________________

Wasserteilchen gefrieren und fügen sich zu Eiskristallen zusammen = 💧 ________

In der Nacht gefriert der Wasserdunst auf den Blättern der Bäume =

❄ ____

Auf den Gräsern verdichtet sich der Wasserdunst=______________________

Gefrorene Wassertropfen nennt man : ❅ ____________________________

Welche Niederschlagsform kennst du noch? _______________________

9. Erläutere möglichst genau wie Hagel entsteht! 2

✎ ____

____

____

Viel Erfolg!

Von 28 Punkten hast du _____ Punkte erreicht.

5.4.2 Probe 2 zum Thema Wasser

1. Nenne vier ganz verschiedene Beispiele, wo Wasser verdunsten kann! ❄ a)____________ b)____________ c)____________ d)____________	4
2. Nenne drei Zustandsformen des Wassers! ____________ ____________	3
3. Wie nennt man den Vorgang, bei dem sich die Wasserteilchen wieder zu Wassertropfen zusammenschließen? ____________	1
4. Erkläre, um welche Vorgänge es sich hier handelt a) Die unsichtbaren Teilchen verteilen sich in der Luft durch Wärme und Wind: ____________ b) Wenn man Wasser auf 100 Grad erhitzt, verteilen sich viele Wasserteilchen in der Luft: ____________ c) Die unsichtbaren Luftteilchen treffen auf kältere Gegenstände: ____________	3
5. Die Familie Reichel entschließt sich einen Gartenteich anzulegen. Mama Reichel gräbt und gräbt bis sie zur Kiesschicht kommt. Nun möchte sie das Wasser einlassen. Wie würdest du vorgehen? ____________ ____________ ____________ ____________	2
6. Bei welcher Temperatur wechselt Wasser vom flüssigen in den gasförmigen Zustand? ____________	1

7. Setze ein was passiert: Scheint im Sommer die Sonne längere Zeit auf eine Pfütze, so kann diese ____________________. Wenn man Wasser bei 100 Grad kocht, dann ____________________ es. Wird die Tafel gewischt, so ____________________ das Wasser an der Oberfläche.	3
8. Wie kann ich Wäsche am besten trocknen. Nenne drei wichtige Voraussetzungen: ____________________ ____________________ ____________________	3
9. Paul spielt im Winter bei großer Kälte draußen im Schnee und trägt seine Brille. Als er in die warme Wohnung kommt, ist diese völlig beschlagen. Warum nur? ____________________ ____________________ ____________________	3
10. Wo beschlagen in einem unbeheizten Auto bei Kälte die Scheiben, wenn Menschen darin sitzen? **a)** Kreuze richtig an: O innen O außen	1
11. Erkläre genau warum das in Frage 10 so ist. ____________________ ____________________ ____________________	3

Viel Erfolg

Von 27 Punkten hast du ______ erreicht!

5.4.3 Probe 3 zum Thema Wasser

1. Woraus kann Trinkwasser gewonnen werden? Nenne 3 Möglichkeiten! ✎ ____________________ ____________________ ____________________	3
2. Wofür benötigen wir jeden Tag Wasser. Nenne 3 Beispiele! ♒ ____________________ ____________________ ____________________	3
3. Was misst ein Meteorologe genau, um das Wetter zu bestimmen? ✎ ____________________ ____________________ ____________________	3
4. Nenne drei Wettermessgeräte und erkläre, was man damit misst! ♦ ____________________ ♦ ____________________ ♦ ____________________	3
5. Wenn es regnet, läuft das Wasser durch verschiedene Schichten. Kreuze die richtigen Aussagen an! O Durch Sand fließt das Regenwasser durch. O Erde ist wasserundurchlässig O Regenwasser sammelt sich auf der Lehm- /Tonschicht O Lehm ist wasserdurchlässig.	2
6. Warum läuft ein See nicht über? (1Satz) ♒ ____________________ ____________________	1

7. Das Wasser durchläuft in der Kläranlage verschiedene Reinigungsstufen. Nenne diese in der richtigen Reihenfolge! ♦ ______ ♦ ______ ♦ ______ ♦ ______ ♦ ______ ♦ ______	7
8. In welcher Reinigungsstufe der Kläranlage werden Fette und Öle entfernt? ✍ ______ ______ ______	1
9. Wassernot = Hungersnot. Erkläre, wie dies zusammenhängt! ✍ ______ ______ ______	2
10. Was versteht man unter Brauchwasser und wozu benützt man es? ♦ ______ ______ ______	2

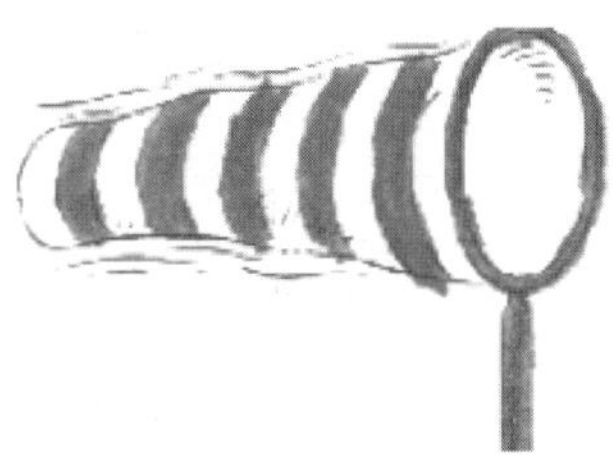

Viel Erfolg!

Von 27 Punkten hast du ____ Punkte erreicht.

5.4.4 Probe 4 zum Thema Wasser

1. Wasser kann verdunsten oder verdampfen. Nenne dazu bitte jeweils drei Unterschiede: 6

verdunsten	verdampfen

2. Du möchtest gerne die Luftfeuchtigkeit in deinem Zimmer erhöhen, da du erkältet bist. Wie kannst du dies am besten machen? Beschreibe genau! 2

- ______
- ______
- ______
- ______

3. Erkläre, wann Wasser besonders schnell verdunstet! 2

- ______
- ______
- ______

4. Wie kannst du die Zustandsformen des Wassers verändern? 2

- ______

5. Welche vier Niederschlagsarten kennst du? 2

- ______
- ______

6. Was passiert mit dem Regenwasser? Wo bleibt es? 4

- ______
- ______
- ______

7. Wasser ist sehr kostbar, daher sollten wir es sorgfältig gebrauchen, nenne 3 Beispiele wie du Wasser sparen kannst! ♦ ______________________________ ♦ ______________________________ ♦ ______________________________	3
8. Setze in die Lücken die richtigen Begriffe zum Thema Wasserkreislauf ein! Mit der warmen Luft steigen viele unsichtbare ______________ nach oben. Das Wasser ______________. In kälteren Luftschichten ______________ diese zu größeren ______________. Diese ______________ sich immer mehr. Auf diese Weise entstehen ______________, die schließlich abregnen.	6
9. Man nennt unsere Erde auch den blauen Planeten, aus welchem Grund ist Wasser wichtig für unser Ökosystem. Für wen ist das Wasser denn wichtig und warum? ♦ ______________________________ ♦ ______________________________ ♦ ______________________________ ♦ ______________________________ ♦ ______________________________	3

Viel Erfolg!

Von 30 Punkten hast du ____ Punkte erreicht.

5.4.5 Probe 5 zum Thema Wetter

1. Was misst ein Meteorologe, um das Wetter zu bestimmen? ✍ ______________________ ______________________ ______________________	4
2. Nenne zwei Wettermessgeräte und erkläre, was man damit misst! ______________________ ______________________ ______________________	4
3. Welche vier Niederschlagsarten kennst du? ❄ ____________ ____________ ____________ ____________	2
4. Erkläre was passiert, wenn du ein Blatt Papier in sicherer Entfernung über einem Teelicht hältst! Welche Wettererscheinung kann so erklärt werden? ✍ ______________________ ______________________ ______________________	3
5. Erläutere möglichst genau, wie Hagel entsteht! ✎ ______________________ ______________________ ______________________	2
6. Nenne drei Wettererscheinungen, die in einem Wetterbericht dargestellt werden! ______________________ ______________________	3
7. In ca. 3 Metern Höhe beträgt die Lufttemperatur 2° Celsius. Kann es bei dieser Temperatur schneien? Erläutere in vollständigen Sätzen! ______________________ ______________________	2

8. Erkläre folgende Wettersymbole: 3

a)

____

b)

____

c)

____

9. Wie heißen diese Messgeräte und was messen sie? Achte auf die Nummerierung! 4

1  2 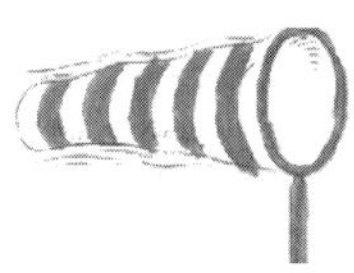 3 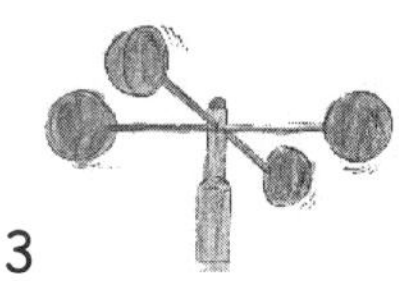 4 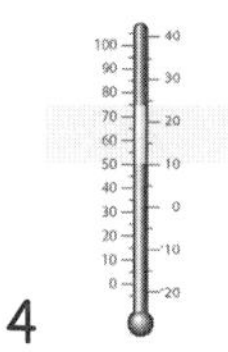

Bezeichnung: 1_______________ 3_______________

2__________________ 4____________

Was wird gemessen? 1_______________ 3_______________

2__________________ 4____________

10. Was ist ein Barometer? Erkläre genau, welche Wettererscheinung damit gemessen wird. 2

____

____

____

Wir wünschen dir viel Erfolg!

Von 29 Punkten hast du _____ Punkte erreicht.

6 Thema Fahrrad und Verkehrserziehung

6.1 Zusammenfassung zum Thema Fahrrad und Verkehrserziehung

Was benötigt das verkehrssichere Fahrrad?

- Vorderradbremse, Hinterradbremse
- Glocke
- Dynamo
- roter Großflächenstrahler, Schlusslicht
- gelbe Speichenreflektoren
- Vorderlicht

Die Rangfolge der Vorfahrtsregelungen:

1) Polizisten
2) Ampeln
3) Verkehrszeichen
4) Rechts vor Links

Überholen ohne Gefahr:

Nicht überholen: ☹ bei Gegenverkehr

☹ bei durchgezogener Linie

☹ wenn der andere Verkehrsteilnehmer nicht viel langsamer ist als ich

☹ an einer Kuppe

☹ in einer Kurve

Das Linksabbiegen:

1. Umsehen über die linke Schulter
2. Handzeichen geben
3. Einordnen
4. Gegenverkehr beachten
5. Vorrang gewähren
6. Umsehen, im großen Bogen abbiegen
7. Rechts einordnen

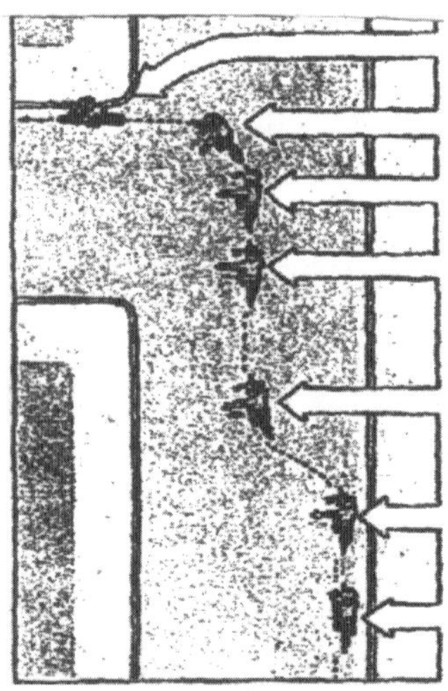

Vorbeifahren an Hindernissen (z. B. an einer Baustelle):

1) (Links) Umsehen über die linke Schulter
2) Handzeichen links
3) Einordnen
4) Gegenverkehr beachten
5) Sicherheitsabstand
6) Handzeichen rechts
7) Rechts einordnen

Wie verhalte ich mich als Fahrradfahrer am Zebrastreifen?

Ich fahre langsam und vorsichtig an den Zebrastreifen heran.

Ich nehme Blickkontakt mit den Fußgängern am Fahrbahnrand auf und warte, bis sie die Straße überquert haben. Fußgänger auf dem Zebrastreifen haben immer Vorrang.

Wie verhalte ich mich im Kreisverkehr?

Den Fahrzeugen im Kreisverkehr gewähre ich Vorfahrt.

Im Kreisverkehr fahre ich immer äußerst rechts.

Vor dem Ausfahren aus dem Kreisverkehr gebe ich rechtzeitig ein deutliches Handzeichen.

Der Unterschied zwischen einem Stoppschild und einem Vorfahrtgewähren-Schild:

Vorfahrt gewähren!

Ich fahre vorsichtig an die Kreuzung heran, beachte die Vorfahrt, und wenn kein Auto kommt, fahre ich weiter.

Stopp! Vorfahrt gewähren.

Ich bleibe stehen! Mein Fuß muss auf der Straße sein. Auch wenn kein Auto kommt, muss ich stehen bleiben!

Vorfahrt an der nächsten Kreuzung!

Vorfahrtstraße

Ende der Vorfahrtstraße

Fahrbahnmarkierungen:

Leitlinien sind unterbrochene Linien, die bei Bedarf überfahren werden dürfen.

Fahrbahnbegrenzungen sind durchgezogene Linien, die nicht überfahren werden dürfen.

Sperrflächen sind schraffierte Felder, die nicht überfahren werden dürfen.

Richtungspfeile zeigen mir verschiedene Fahrtrichtungen an. Ich muss mich rechtszeitig einordnen.

Bei einer **Haltelinie** muss ich anhalten.

6.2 Proben zum Thema Fahrrad und Verkehrserziehung

6.2.1 Probe 1 zum Thema Fahrrad

1. Der Zebrastreifen ist ein sicherer Überweg für Fußgänger. Wie verhältst du dich hier als Radfahrer?	2
2. Paulinchen hat endlich ihre Fahrradprüfung bestanden und möchte zur Schule radeln. Ihre Mutter aber warnt sie: „Pass gut auf, nicht alle Verkehrsteilnehmer halten sich immer an die Regeln!" Nimm dazu Stellung und beschreibe, wie du dich als Radfahrer verhalten solltest!	5
3. Notiere die 7 nötigen Schritte zum Linksabbiegen!	7
4. Warum sind manche Schilder blau, andere rot? Was ist der Unterschied? ☺	1

5. Male die beiden Schilder in der richtigen Farbe an und schreibe dazu, was sie bedeuten!  	4
6. Was braucht ein verkehrssicheres Fahrrad? Denke daran, auch bei schlechtem Wetter musst du als Radfahrer gut sichtbar sein!	4
7. Wie verhältst du dich im Kreisverkehr richtig?	3
8. Wie musst du dich als Radfahrer in einem verkehrsberuhigten Bereich verhalten?	2
9. Ein Mädchen ist gestürzt und hat sich dabei sehr verletzt. Was machst du?	2

Hast du alles noch einmal überprüft?

Von 26 Punkten hast du ________ Punkte erreicht.

6.2.2 Probe 2 zum Thema Fahrrad

1. Kreuze richtig an! Es sind immer 2 Antworten richtig! Wie heißen die folgenden Zeichen und welche Bedeutung haben sie? **8**

☐ einseitig links verengte Fahrbahn ☐ einseitig rechts verengte Fahrbahn
☐ meine Fahrbahn verengt sich ☐ ich habe Vorrang

☐ gemeinsamer Fuß- und Radweg ☐ getrennter Fuß- und Radweg
☐ ich muss links fahren ☐ ich muss rechts fahren

☐ Rechts abbiegen ☐ rechts fahren
☐ ich muss rechts abbiegen
☐ ich darf mit meinem Fahrrad rechts abbiegen

☐ Verbot der Einfahrt ☐ Einbahnstraße
☐ nur Fahrradfahrer
☐ hier darf ich nur in Pfeilrichtung fahren

2. Welche beiden Punkte solltest du beim Linksabbiegen immer beachten? **1**

☐ umsehen und einordnen ☐ Handzeichen geben und einordnen
☐ umsehen und Handzeichen geben ☐ flott nach links, sonst ist ein anderer schneller!☺

3. Notiere die 7 nötigen Schritte zum Linksabbiegen! **7**

____
____
____
____
____
____
____

4. Du möchtest in eine Kreuzung mit Linksabbiegerspur, was tust Du, nachdem du die Vorfahrt beachtet hast? **1**

☐ ich gebe ein deutliches Handzeichen ☐ ich beachte den Gegenverkehr
☐ ich ordne mich in der Linksabbiegerspur ein ☐ ich steige ab und schiebe

5. Male die beiden Schilder in der richtigen Farbe an und schreibe dazu was sie bedeuten! — 4

____

____

____

6. Wer darf denn nun wie fahren? Notiere die richtige Reihenfolge! — 3

 ____

____

____

7. Schreibe die Rangfolge der Vorfahrtsregelungen auf! — 2

____

____

____

8. Du fährst auf dem Fahrradweg und ein LKW will knapp vor dir in die Straße einbiegen. Erläutere deine Verhaltensweise! — 2

____

____

____

Lies alles noch einmal durch!

Von 28 Punkten hast du _____ Punkte erreicht.

6.2.3 Probe 3 zum Thema Fahrrad

1. Erkläre den Unterschied zwischen diesen beiden Schildern! Wie heißen sie? Male sie in den richtigen Farben aus!  	6
2. Beim Anfahren vom Fahrbahnrand musst du vieles beachten. Schreibe genau auf! 	3
3. Es gibt einen Bereich, den die Autofahrer im Rückspiegel nicht sehen können. Wie nennt man diesen Bereich.	1
4. Zeichne folgende Verkehrsschilder! Einbahnstraße, Vorfahrt gewähren, Kreisverkehr	3

5. Wie verhältst du dich bei den folgenden Verkehrszeichen? 6

___

___

___

___

___

___

___

6. Nummeriere durch, welche Verkehrsteilnehmer in welcher Reihenfolge fahren dürfen! 4

7. Welche drei Punkte musst du hier als Rechtsabbieger beachten? 3

Wir wünschen dir viel Erfolg!

Von 26 Punkten hast du _____ Punkte erreicht.

7 Thema Landkarten und Himmelsrichtungen

7.1 Zusammenfassung zum Thema Landkarten und Himmelsrichtungen

Eine Karte bildet die Wirklichkeit stark verkleinert ab. Ist sie wirklichkeitsgetreu, so ist der Maßstab 1:1, also 1 cm in Wirklichkeit entspricht 1 cm auf der Karte.

Ist der Maßstab 1:100, entspricht 1 cm auf der Karte 100 cm, also 1 m in Wirklichkeit.

Maßstab 1:5000, d.h. 1 cm auf der Karte sind 5000 cm = 50 m in Wirklichkeit.

6 cm sind dann 6 x 50 m = 300 m.

Verschiedene Maßstäbe ändern also nichts an der Wirklichkeit.

Karten werden in einer Legende erklärt und damit man wichtige Orte schneller erkennen kann, verwenden Kartenzeichner Symbole oder Kartenzeichen, auch Signaturen genannt.

Beispiele für Zeichen aus einer Legende:

✈ Flughafen

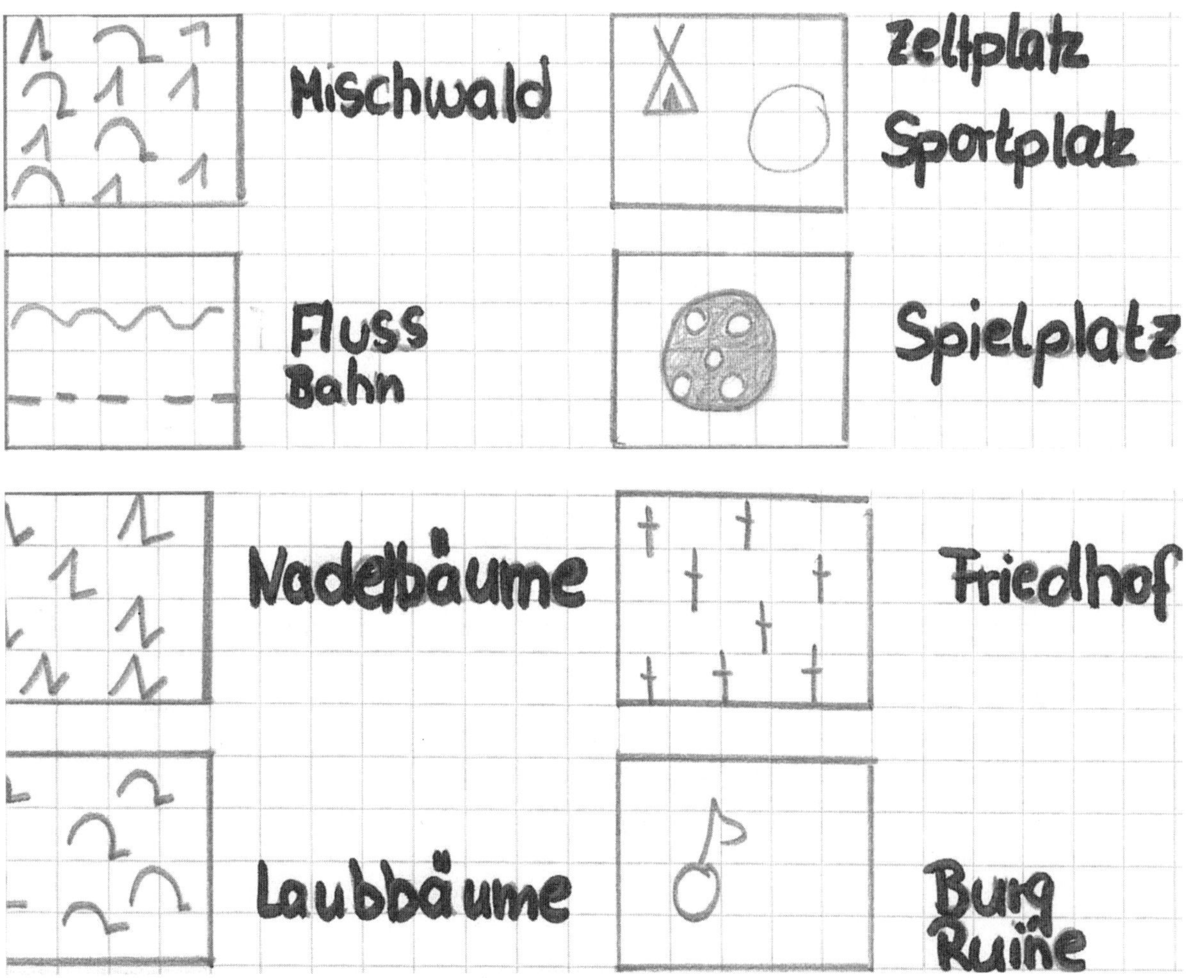

Die Himmelsrichtungen kann man sich mit folgendem Spruch merken.

Im **Osten** geht die Sonne auf, im **Süden** nimmt sie ihren Lauf, im **Westen** wird sie untergehen, im **Norden** ist sie nie zu sehen.

Um die richtige Reihenfolge zu finden, merkt man sich (im Uhrzeigersinn):

Neun **O**chsen **s**aufen **W**hisky

N

W O

S

Beispiele wie man sich auch ohne Kompass zu Recht finden kann:

- Schnee bleibt auf Nordhängen länger liegen.
- Satellitenschüsseln zeigen meist nach Süden.
- Moose und Flechten wachsen an der Westseite von Bäumen.
- Nach dem Stand der Sonne, mittags steht die Sonne im Süden.
- Nachts kann man sich nach dem Polarstern richten, er steht im Norden.

Wie werden Berge auf der Karte dargestellt?

Höhen / Berge können auf einer Karte verschieden dargestellt werden:

a) Durch verschiedenfarbige Höhenschichten (Höhenfarben) . Je höher die Schicht liegt, desto dunkler ist die Farbe.

b) Das Bergland kann durch verschiedene Brauntöne dargestellt werden.

c) Das Tiefland durch verschiedene Grüntöne. Die genaue Meterangabe befindet sich in der Legende.

Die Höhenlinien verbinden alle Punkte, die auf der gleichen Höhe liegen. Die Zahlen auf der Karte sagen uns, auf welcher Höhe über dem Meeresspiegel die Stelle liegt.

7.2 Proben zum Thema Landkarte und Himmelsrichtungen

7.2.1 Probe 1 zum Thema Landkarte und Himmelsrichtungen

1. Unsere Himmelsrichtungen: **a) Welche Himmelsrichtung ist auf der Karte immer oben?** ____________________ **b) Wo geht die Sonne auf?** ____________________ **c) Wie nennt man die Himmelsrichtung in der die Sonne nie zu sehen ist?** ____________________	3
2. **Moritz macht einen kleinen Spaziergang und kennt die Himmelsrichtungen. Er läuft mittags Richtung W-Dorf, welches im ____________ liegt. M-Dorf liegt im ____________ und A-Dorf im ____________.** 	
3. **Wie kann man Berge auf einer Karte darstellen?** ____________________ ____________________ ____________________	2
4. **Richtig (r) oder falsch (f)? Je größer die Maßstabszahl ist (=Zahl hinter dem Doppelpunkt)** O desto ungenauer sind die Einzelheiten auf der Karte zu erkennen. O desto größer sind Sehenswürdigkeiten zu erkennen. O umso besser ist der Überblick, den man über die Umgebung bekommt. O umso mehr Einzelheiten sind abgebildet. O umso besser kann man etwas Großes als Ganzes erkennen.	5

5. 6

a) Was sagt uns der Maßstab? Bitte erkläre kurz! (2 Punkte)

____

b) Was bedeutet in diesem Zusammenhang der Maßstab 1:1? (1Punkt)

____

c) Was bedeutet der Maßstab 1:2? (1Punkt)

____

d) Wie lang ist das abgebildete Schild bei einem Maßstab 1:2 in Wirklichkeit? Rechne!

____

____

6. In welcher Himmelsrichtung siehst du die Sonne zu untenstehenden Uhrzeiten? 4

13:30 Uhr____________________ 23:00 Uhr ___________________

09:00 Uhr ___________________ 17:00 Uhr ___________________

7. Trage die fehlenden Himmelsrichtungen ein: 3

	__			W			S	
N	✧	__	S	✧	__	__	✧	W
	W			__			__	

Viel Erfolg!

Von 26 Punkten hast du _____ Punkte erreicht.

7.2.2 Probe 2 zum Thema Landkarte und Himmelsrichtungen

1. Nenne die drei Teile, aus welchen ein Kompass besteht!	3
2. a) Oft kann man an einem Baum die Himmelsrichtungen ablesen. Erkläre warum! b) Die Nadel des Kompasses stellt sich immer in einer Richtung aus, erkläre kurz!	2
3. Schreibe drei weitere Möglichkeiten auf, wie du dich in der Natur - ohne Kompass – zu Recht finden kannst!	3
4. Beschreibe 3 Merkmale einer Karte oder Lageskizze! Verwende Fachbegriffe!	3
5. Nenne die Nebenhimmelsrichtungen!	4

6. (2)

a) Wenn du um 12 Uhr mittags mit dem Gesicht zur Sonne deinen rechten Arm seitlich ausstreckst, wohin zeigt dann dein rechter Arm?

☞ ____

b) Wo liegt der Schnee am längsten?

____

7. Warum war die Erfindung des Kompasses früher von so großer Bedeutung? (2)

____

____

8. Wie nennt man die Zeichenerklärungen einer Landkarte? (1)

____

9. Wir haben uns mit Landkarten beschäftigt. Zeichne folgende Symbole ein! (5)

Laubwald	Nadelwald	Mischwald	See	Wiese
Bahnlinie	Straße	Brücke	Schloss / Burg	Kirche

10. Fülle folgende Tabelle aus! (5)

Maßstab	auf der Karte	in Wirklichkeit		
1:200.000	1 cm	cm	m	km
1:150.000	1cm	cm	m	km
1:50000	1cm	cm	m	km
2:1	2cm	cm	m	km

Viel Erfolg! Von 30 Punkten hast du _____ Punkte erreicht.

7.2.3 Probe 3 zum Thema Himmelsrichtungen

1. Ergänze den folgenden Text: 6

a) Auf Karten ist die wirkliche Landschaft ____________________ und von ____________________ dargestellt.

____________________ ist auf der Karte oben.

b) Höhenfarben: Alle Gewässer werden auf der Karte ____________________ gezeichnet. ____________________ sind rot gezeichnet.

c) In einer ____________________ werden die Kartenzeichen erklärt. Sie hilft dir die Karte zu „lesen".

2. Zeichne folgende Zeichen: Friedhof, Burg, Eisenbahnlinie und Flughafen: 4

3. Nenne fünf Kontinente und die Hauptstadt Deutschlands! 3

____

____

4. Ergänze die fehlenden Himmelsrichtungen 3

___ S

N ✧ ___ ___ ✧ ___

___ ___

5. Ergänze die Himmelsrichtungen! 4

Die Sonne ist nie zu sehen im ____________________ .

Der Schatten eines Baumes zeigt um 6 Uhr früh nach ____________________ .

Der Polarstern steht im ____________________ .

Die Sonne geht unter im ____________________ .

Der Altar von alten Kirchen steht im ____________________ .

Die Sonne geht morgens auf im ____________________ .

Mittags steht die Sonne im ____________________ .

Bäume sind auf der ____________________ Seite stärker bemoost.

6. Beschrifte die Windrose! 4

7. Hans möchte gerne einen kleinen Ausflug machen und hat drei Karten zur Auswahl. Bei welcher kann er die Einzelheiten am genauesten erkennen. Kreuze an! 1

○ 1:50 000 ○ 1:100 000 ○1:200 000

8. Kreuze richtig an: 4

○ Alle Punkte auf einer Höhenlinie liegen gleich hoch.

○ Bei flachen Bergen liegen die Höhenlinien eng beieinander.

○ Am Abstand der Höhenlinien auf der Karte kann man erkennen, wo der Berg flach ist oder steil ansteigt.

○ Auf allen Landkarten beträgt der Höhenunterschied zwischen zwei aufeinander folgenden Höhenlinien 100 m.

Alles noch einmal durchgelesen?!

Von 29 Punkten hast du ____ Punkte erreicht.

8 Thema Leben am Teich

8.1 Zusammenfassung zum Thema Leben am Teich

Du kannst folgende Tiere am Teich oder Wasser finden:

Libelle, Stockente, Stechmücke, Teichfrosch, Wasserläufer, Wasserskorpion, Kaulquappe, Blutegel, Gelbrandkäfer, Bergmolch, Rückenschwimmer, Strudelwurm, Stichling, Posthornschnecke, Eisvogel, Kormoran, Reiherente, Haubentaucher ...

An Pflanzen findest du am Teich:

Schilf, Rohrkolben, Wasserschwertlilie, Kopfweide, Knäuelbinse, Erle, Wasserhahnenfuß, Teichrosen, Pfeilkraut, raues Hornblatt, krauses Laichkraut, Sumpfdotterblume, Wasserpest.

8.1.1 Eisvogel

In den letzten Jahren ist der Eisvogel sehr selten geworden. Er ist bedroht durch die Menschen, die ihm z. B. durch Begradigung vieler Flüsse und Bäche den gewohnten Lebensraum nehmen. Begradigte Flüsse werden in Betonrinnen gezwängt und damit geht die natürliche Flora verloren und die Wasservögel können dort nicht mehr leben.

Teilweise werden Gegenmaßnahmen eingeführt, indem Flüsse wieder renaturiert werden, d. h. die Betonverbauung wird wieder entfernt und das natürliche Flussbett wird wieder hergestellt.

- **Ernährung**: Der Eisvogel ernährt sich von Fischen, Wasserinsekten, Larven, Kaulquappen
- **Fortpflanzung**: Die Eisvögel brüten gerne in Höhlen im Uferbereich von Bächen. Als Balzgehabe bringt das Männchen dem Weibchen kleine Fische herbei.

8.1.2 Die Stockente

Stockenten sind an Bächen, Teichen oder Seen anzutreffen. Die Stockenten sind sehr gut angepasst an das Leben am und im Wasser.

Kahnförmiger Körper -> ermöglicht sicheres und schnelles Bewegen im Wasser

Füße mit Schwimmhäuten -> Füße wirken wie Ruder (Ruderfüße) und ermöglichen schnelles Schwimmen

Daunenfedern und Bürzeldrüse: Die lockeren Federn halten die Enten warm. Die Bürzeldrüse enthält Fett. Mit ihrem Schnabel schnappt die Ente Fett aus der Bürzeldrüse und verteilt dieses auf ihre Deckfedern. Das Einfetten der Deckfedern verhindert das Wasser ins Gefieder eindringt und hält die Enten so auch im Winter warm.

Nahrung: Die Ente streckt den Schwanz in die Höhe und taucht mit dem Kopf unter. Auf diese Weise sucht sie den Grund nach Nahrung ab - deshalb nennt man dies gründeln. Die Ente ist ein Allesfresser, sie ernährt sich von Pflanzen, Früchten, kleinen Fischen oder Fröschen, Krebsen, Kaulquappen, Fischlaich etc. Im Herbst frisst sie auch Eicheln und Nüsse.

Entenküken sind Nestflüchter, sie können von Anfang an schwimmen und somit gleich ihr Nest verlassen.

Versuche selbst die wichtigsten Körperteile der Ente zu beschriften!

8.1.3 Der Grasfrosch

Der Grasfrosch gehört zu den Lurchen/Amphibien, d. h. er kann sowohl im Wasser, als auch an Land leben. Er ist wechselwarm, d. h. seine Körpertemperatur ist nicht konstant, seine Haut ist feucht und schleimig, und sie dient auch zum Atmen. Bei den Grasfröschen sind die Männchen kleiner als die Weibchen. Nur die männlichen Grasfrösche quaken. Frösche können sowohl im Wasser als auch am Land leben. An Land atmen sie durch die Lunge und im Wasser durch die Haut. Ihre Haut darf nicht austrocknen. Frösche haben lange, kräftige Hinterbeine und können dadurch weit springen.

- **Lebensraum**: Der Grasfrosch hält sich in warmen Jahreszeiten in der Nähe von Teichen, Bächen oder Seen auf. Bei Gefahr flüchten sie ins Wasser, wo sie zwischen Wasserpflanzen gut getarnt sind. Im Winter liegen die Frösche meistens am Boden eines Gewässers. Bei sehr großer Kälte fallen sie in eine Winterstarre.

- **Nahrung**: Frösche haben eine lange, klebrige Zunge, mit der sie ihre Beute fangen. Sie fressen Insekten, Käfer, Raupen, Schnecken und Spinnen.

- **Fortpflanzung**: Die Fortpflanzungszeit liegt zwischen Ende März und Anfang April. Die Weibchen legen ca. 2500 - 4000 Eier in Klumpenform, genannt Laich, im Wasser ab. Sie werden nicht alle auf einmal abgelegt, sondern in so genannten Ballen, in dem die Eier durch eine Gallertmasse zusammen gehalten werden. Aus den Eiern schlüpfen nach ca. 3 Wochen winzige Kaulquappen. Mit ihren Kiemen können sie im Wasser atmen, indem sie - wie Fische - den Sauerstoff aus dem Wasser aufnehmen. Ungefähr 8 - 10 Wochen später bekommen sie Vorder- und Hinterbeine und verlieren den Schwanz - sie werden zum Frosch.
- **Feinde**: Enten, Gänse, Störche, Reiher ...

8.1.4 Wasserläufer

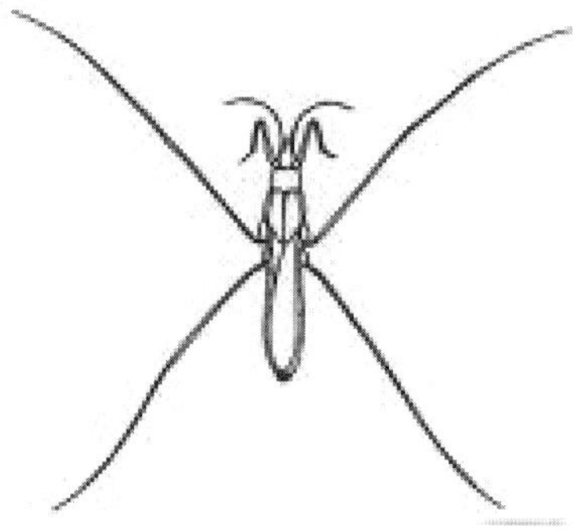

- **Aussehen**: Der Wasserläufer hat sechs Beine, die lang und dünn sind und einen leichten Knick haben. Das mittlere Beinpaar ist das Längste. Der Körper ist leicht und klein.
- **Nahrung**: Der Wasserläufer ernährt sich von Insekten, die ins Wasser gefallen sind. Er hält sie mit den Vorderbeinen fest und saugt sie mit seinem Rüssel aus.
- **Fortbewegung**: Um vorwärts zu kommen, macht der Wasserläufer mit dem mittleren Beinpaar sog. ‚Ruderschläge'.
- **Fortpflanzung**: Das Wasserläufer-Weibchen legt die Eier an Pflanzen, die dicht unter der Wasseroberfläche wachsen.

8.2 Grundschulproben zum Thema Leben am Teich

8.2.1 Probe 1 zum Thema Leben am Teich

1. Welche Tiere leben am Teich? Nenne 4 Beispiele! ____________________ ____________________ ____________________	4
2. Was ist ein Erpel? ____________________	1
3. Erläutere, warum die Ente so ein guter und schneller Schwimmer ist! ____________________ ____________________ ____________________ ____________________	4
4. Was schützt die Stockente vor Kälte? ____________________	1
5. Wie schützt sich die Ente vor Nässe? Erkläre ausführlich! ____________________ ____________________ ____________________	3
6. Entenküken sind Nestflüchter. Erkläre was das bedeutet! ____________________ ____________________ ____________________ 	2

7. Vervollständige den Text! Nur die ______________ Frösche quaken, die ______________ Frösche quaken ______________. Den Winter verbringen sie in der Regel am ______________ des Gewässers. Bei sehr starker ______________ verfallen sie auch in eine ______________. Frösche können sowohl im ______________ als auch an ______________ leben.	4
8. Wie nennt man die Klumpen aus Froscheiern? ______________	1
9. Wie atmen Kaulquappen? ______________ ______________	2
10. Beschreibe, wie ein Wasserläufer aussieht, und wie er sich fortbewegt. ______________ ______________	5
11. Wie und wovon ernährt sich der Wasserläufer? ______________ ______________	4

Viel Erfolg

Von 31 Punkten hast du _____ Punkte erreicht.

8.2.2 Probe 2 zum Thema Leben am Teich

1. Nenne 4 Pflanzen und 4 Tiere, die du am Teich finden kannst! ____________________ ____________________ ____________________	4
2. Worin unterscheiden sich optisch männliche und weibliche Stockenten? ____________________ ____________________	2
3. Wie schützt sich die Stockente vor Kälte und Nässe? Erläutere genau! ____________________ ____________________ ____________________	4
4. Wie und wovon ernährt sich die Stockente? Erkläre genau und verwende Fachbegriffe: ____________________ ____________________ ____________________	4
5. Wovon ernährt sich der Grasfrosch? Nenne 4 Beispiele! ____________________ ____________________	2
6. Wie fängt der Frosch seine Beute? ____________________  ____________________	1

7. Wie viele Eier legt ein Frosch-Weibchen etwa ab? Erkläre kurz, in welcher Form die Eier abgelegt werden! ____ ____	3
8. Aus den Eiern schlüpfen die Larven. Wie nennt man sie? ____	1
9. Warum gehört der Frosch zu den Amphibien? ____ ____	1
10. Erläutere, weshalb immer mehr Tiere und Pflanzen gefährdet sind? ____ ____ ____	4

Viel Erfolg!

Von 26 Punkten hast du _____ Punkte erreicht.

8.2.3 Probe 3 zum Thema Leben am Teich

1. Nenne je zwei Tiere und Pflanzen, die ihren Lebensraum rund um den Teich haben! ______________________________ ______________________________ ______________________________ ______________________________	4
2. Weshalb frieren die Enten auch im Winter **nicht**? Erläutere genau! ______________________________ ______________________________ ______________________________ 	4
3. Erläutere den Begriff ‚**gründeln**': ______________________________ ______________________________ ______________________________ ______________________________	4
4. Vervollständige den Lückentext! Die Stockenten sind an ____________________ anzutreffen. Sie sind an das ____________ im Wasser sehr gut ____________. Die Ente ernährt sich von Pflanzen und kleinen Tieren, sie ist ein ____________________. Entenküken sind ____________________ , man nennt sie so, weil sie bereits gleich nach der Geburt ________________ können und ihr Nest verlassen.	3

5. Beschreibe die Entwicklungsstufen eines Frosches! Beginne beim Ei! ________________________________ ________________________________ ________________________________	4
6. Welche Feinde des Frosches kennst du? Nenne 3 Feinde! ________________________________ ________________________________ ________________________________	3
7. Warum ist der Eisvogel so selten geworden. Erkläre genau! ________________________________ ________________________________ ________________________________	4

Viel Erfolg!

Von 26 Punkten hast du ____ Punkte erreicht.

9 Zusatzthemen

9.1 Das Hausrind

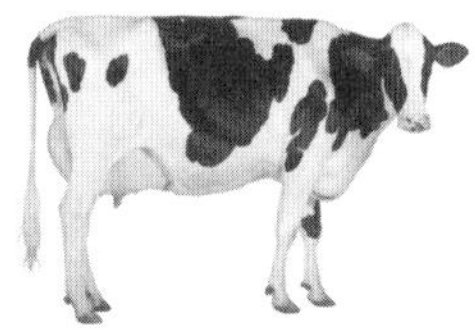

Allgemein:

Rinder gibt es auf der ganzen Welt. Der Oberbegriff für diese Tierart ist „**Rind**" oder „**Hausrind**".

Europäische Rinder stammen vom **Auerochsen** ab, welcher vor etwa 8.000 Jahren in Südosteuropa gezähmt wurde.

Wir unterscheiden:

Bezeichnung	**Beschreibung**	**Gewicht in kg**
Bulle / Stier	Männliches Rind	600 - 1200
Ochse	Kastriertes, männliches Rind	600 - 1200
Kuh	Weibliches Rind, das schon einmal gekalbt hat	500 - 800
Färse	Weibliches Rind, das noch kein Kalb bekommen hat	
Fresser	4-12 Monate altes Rind	160 - 200 kg
Kalb	Jungtier des Rindes	35 - 50 bei Geburt

Das Rind hat einen massigen Körper. Es wird etwa 3 m lang, ungefähr 1,80 m hoch und bis zu 1.200 kg schwer. Der lange Schwanz hat eine **Haarquaste** an seinem Ende, mit der lästige Insekten abgewehrt werden können. Das Rind ist ein **Hornträger**. Die Hörner werden als Waffe gebraucht. Rinder sind Pflanzenfresser. Damit sie Giftpflanzen von genießbaren Kräutern unterscheiden können, sind sie mit einem **sehr feinen Geruchssinn** ausgestattet.

Rinder sind **Herdentiere**, bei denen eine **feste Rangordnung** herrscht.

Gebiss:

Ein ausgewachsenes Rind hat **32 Zähne**. Es hat eine **lange, raue Zunge**, mit der es das Gras abreißen kann. Das Gras wird sofort geschluckt und erst später beim „**Wiederkäuen**" feiner zermahlen. Für diese Aufgabe sind die **Backenzähne** und die **Hornplatte**, die beim Rind an der Stelle unserer **Schneidezähne** steht, zuständig. Als Pflanzenfresser braucht das Rind keine Eckzähne.

Nahrung:

Das **Rind frisst Klee, Gras, Heu, Stroh, Rüben, Silage und Kraftfutter**. Es schluckt seine Nahrung zuerst unzerkaut. Erst später zerkleinert das Rind seine Nahrung, nachdem es diese wieder hochgewürgt hat. Da es seine Nahrung wiederkäut, nennt man es auch **Wiederkäuer**. Nur so kann die Nahrung fein zermahlen und verdaut werden. Pro Tag fressen Rinder ca. 75 kg und trinken ca. 70 l - 150 l Wasser und produzieren bis zu 150 l Speichel.

Ein Rind hat **4 Mägen (Pansen, Netzmagen, Blättermagen, Labmagen)** mit einem

Fassungsvermögen von insgesamt 110 bis 230 Litern. Daran schließen sich der Dünndarm und der Dickdarm mit einer Länge von 35 bis 60 Metern an.
Die Kuh bringt in der **Regel einmal im Jahr nach einer Tragezeit von 9 Monaten ein Kalb zur Welt**. Dieses kann gleich nach der Geburt aufstehen. Nach der Geburt wird im Kuheuter die Milchproduktion angeregt. An den Zitzen des Euters kann das Kalb Milch saugen. In der Regel werden die Kälber aber nach kurzer Zeit von Ihrer Mutterkuh getrennt und mit einem sogenannten Tränkeeimer aufgezogen. Die Mutter wird dann ca. 10 Monate lang gemolken, bis sie wieder ein Kalb zur Welt bringt. Eine Kuh muss **täglich zweimal gemolken** werden. Im Durchschnitt geben Kühe **ca. 15 l Milch täglich**, es gibt aber auch Hochleistungskühe, die bis zu 50 l Milch am Tag produzieren.

Nutzung

Produkt	Beschreibung
Milch	Die Kuhmilch wird als Nahrungsmittel sowie zur Weiterverarbeitung zu Milchprodukten genutzt.
Fleisch	Auch das Fleisch wird als Nahrungsmittel genutzt und zu Fleisch- und Wurstwaren weiterverarbeitet.
Fell	Früher wurden die Felle als Kleidung und Decken genutzt. Heute wird die Haut hautsächlich zu Leder verarbeitet, woraus Taschen, Schuhe, Gürtel, Jacken, Möbelbezüge usw. hergestellt werden. Es gibt aber auch Teppiche und Mäntel aus Kuhfell.
Hörner, Klauen	Die Hörner und Klauen werden gemahlen und als Dünger eingesetzt. In früherer Zeit hat man aus dem Horn auch Gebrauchsgegenstände hergestellt.
Kuhmist	Kuhmist (Gülle) wird bei uns hauptsächlich zur Düngung verwendet.
Knochen	Die Rinderknochen werden hauptsächlich zu Tierfutter verarbeitet. Ein Teil geht auch in den Verkauf zum Metzger.
Arbeit	In vielen Teilen der Welt wird der Ochse heute noch als Zug- und Lasttier eingesetzt.

9.2 Verarbeitung von Milch in der Molkerei

Milch wird beim Bauern mit einem **Milchtankwagen** abgeholt. In der Molkerei angekommen, wird die Milch im Labor von Laborarbeitern in Schutzanzügen (Haarnetze, Überschuhe, Plastikmantel) geprüft auf: **Frische, Fette und Bakterien.**

Ist die Milch in Ordnung, kann sie weiter verarbeitet werden und wird in die **Zentrifuge** gepumpt, wo sie **gereinigt und entrahmt** wird. Hierbei werden die Fettteilchen von der Milch getrennt und **es entstehen zwei Produkte**, zum einen die **Sahne**, auch Rahm genannt mit einem **Fettgehalt von 30% - 35%** zum anderen **Molke mit 0% Fettanteil**.

Soll Vollmilch hergestellt werden, wird der Molke 3,5% Fett zugeführt. Für die teilentrahmte Milch wird der Molke 1,5% Fett zugeführt, für fettangereicherte Milch wird 7,5 % oder 10% Fett zugesetzt. Alle diese Milchsorten werden homogenisiert. Je nach Weiterverwendung wird die jeweilige Milch nun pasteurisiert, ultrahocherhitzt, kondensiert oder sterilisiert.

Um Butter herzustellen, kommt der Rahm in die **Butterungsmaschine**. Dort wird er ca. **20 Minuten geschleudert**, dann wird **Eiswasser hinzugefügt**, damit die Masse kühl und geschmeidig wird. Die Fettteilchen sammeln sich in Fetttrauben, die **Butter entsteht** und **übrig bleibt** die **Buttermilch**.

Die verschiedenen Vorgänge in der Molkerei:

Pasteurisieren: Die Milch wird auf 72 °c - 74 °C erhitzt und wird blitzschnell wieder abgekühlt. Sie ist gekühlt bis zu 16 Tage haltbar.

Ultrahocherhitzen: Die Milch wird auf 140° bis 145 °C erhitzt und ... lang und blitzschnell wieder abgekühlt. Sie ist ungekühlt bis zu 6 Monate haltbar.

Kondensieren: Die Milch wir so lange auf 100 °C erhitzt bis 30% des Wassers verdunstet ist. Kondensmilch ist ungekühlt ca. 1 Jahr haltbar.

Homogenisieren: Die Milch wird mit hohem Druck gegen eine Stahlwand geschossen, damit sich die Fettkügelchen in der ganzen Milch verteilen. Sie wird mit hohem Druck durch ein feines Sieb gepresst.

Sterilisieren: Die Milch wird auf 110° - 130° erhitzt und das bis zu 30 Minuten lang und dann blitzschnell wieder abgekühlt. Sie ist ungekühlt bis zu einem Jahr haltbar.

Folgende Produkte können aus Kuhmilch hergestellt werden:

Käse, Butter, Schlagsahne, Saure Sahne, Joghurt, Quark, Kefir, Milchpulver, Kaffeesahne, Schmand, Buttermilch, Creme Fraiche, ...

Und natürlich Milch mit unterschiedlichem Fettgehalt und unterschiedlicher Haltbarkeit, je nach Behandlung.

9.2.1 Probe 1 - Rind/Milchverarbeitung

1. Ab wann kann eine Kuh Milch geben, und wie lange? (Ganzer Satz!) ____________________ ____________________	2
2. Erkläre weshalb in der Molkerei Schutzkleidung zu tragen ist und nenne zwei Beispiele zur Schutzkleidung: ____________________ ____________________	3
3. Worauf wird die Milch in der Molkerei zunächst untersucht? ____________________	3
4. Auf welche Temperatur muss die frische Milch gekühlt werden, damit sie frisch bleibt, bis der Tankkühlwagen diese abholt? __________	1
5. Erkläre die Begriffe: Was geschieht beim **Pasteurisieren**? ____________________ Was geschieht in der **Zentrifuge**? ____________________	4
6. Welche Produkte kennst du, die aus Milch hergestellt werden? Nenne 4! ____________________ ____________________	2
7. Warum hat das Rind eine lange, raue Zunge? ____________________ ____________________	1
8. Was frisst eine Kuh hauptsächlich? ____________________ ____________________	2
9. Zähle alle Mägen eines Rindes auf: ____________________ ____________________	4

Viel Erfolg!  Von 22 Punkten hast du ____ Punkte erreicht.

9.2.2 Probe 2 - Rind/Milchverarbeitung

1. Vervollständige den Lückentext. Der Oberbegriff dieser Tierart ist Rind. Das Jungtier des Rindes heißt ______________ ein 4 bis 12 Monate altes Rind ____________, ein weibliches Rind, das noch kein Kalb bekommen hat, nennt man ____________, wenn es schon ein Kalb bekommen hat heißt es ____________. Beim männlichen Rind spricht man von ____________. Ist es kastriert, heißt es ____________. Ein Rind hat ___ Zähne. Mithilfe seiner _______________ reißt es das Gras ab. Erst beim __________________ wird das Gras feiner zermahlen. Dabei helfen die __________________ und die __________________, die das Rind anstelle der _________________________ hat.	6
2. Erkläre, weshalb Rinder keine giftigen Pflanzen fressen! ______________________________ ______________________________	3
3. Erkläre den Begriff „**Wiederkäuer**"! ______________________________ ______________________________ ______________________________	1
4. Vervollständige den Text mit den passenden Begriffen! Im Labor wird die Milch auf: ___________, ___________ und ___________ geprüft. Anschließend wird die Rohmilch in die ____________ gepumpt. Hierbei werden die Fettteilchen von der Milch getrennt und es entstehen ___________ und ___________. Um Butter herzustellen, kommt der Rahm in die ___________. Dort wird er ca. 20 Minuten ____________, dann wird ____________ hinzugefügt, damit die Masse schnell abkühlt. Die Fettteilchen sammeln sich in Fetttrauben, die ____________ entsteht und übrig bleibt die _____________.	5
5. Versuche in eigenen Worten zu erklären, was in der Molkerei mit der Milch bei folgenden Vorgängen geschieht. **Sterilisieren**: ______________________________ ______________________________ **Kondensieren**: ______________________________ ______________________________	4

Viel Erfolg!  Von 22 Punkten hast du ____ Punkte erreicht.

9.4 Geschichte – Rom/Römer/Pompeji

9.4.1 Zusammenfassung

Der Legende nach haben die Brüder Romulus und Remus, die Stadt Rom gegründet. Die Zwillinge wurden kurz nach ihrer Geburt von Ihrem Onkel in einem Korb auf dem Fluss Tiber ausgesetzt. Die Babys wurden von einer Wölfin gerettet, die sie säugte und aufzog. Als Erwachsene wollten die Beiden am Ufer des Tibers eine Stadt gründen. Im Streit wurde Remus aber von seinem Bruder Romulus getötet.

753 v. Chr. wurde auf dem Palatin die Stadt Rom gegründet und das Wahrzeichen Roms ist die säugende Wölfin.

In Wirklichkeit entstand die Stadt Rom 753 v. Chr. auf sieben Hügeln, indem mehrere Dörfer zusammengelegt wurden.

Im Laufe der Jahre dehnten die Römer ihr Reich immer weiter aus, indem sie Kriege mit anderen Völkern führten und schon bald gehörte ganz Italien zum Römischen Reich.

Der erste Kaiser Roms hieß Augustus. Als er versuchte Germanien zu erobern, wurde er 9 nach Christus besiegt. Um das Römische Reich zu markieren baute er einen **Schutzwall** - den **Limes** (=Grenze)- um das gesamte Reich.

Im Jahr 476 n. Chr. wurde der letzte römische Kaiser von den Germanen abgesetzt und das Römische Reich aufgelöst, es gab kein Römisches Reich mehr.

Römische Errungenschaften: Amphitheater

Im Verlauf ihrer Herrschaft legten die Römer **viele Straßen** (via = Straße) vornehmlich für den Handel an. Fast überall, wo die Römer waren, kann man auch heute noch ihre Spuren finden, wie z.B. das Pantheon, das Forum Romanum oder das Kolosseum in Rom.

Die Römer bauten **Aquädukte für die Wasserversorgung (aqua = Wasser),** um Wasser von einer Quelle bis nach Rom führen zu können. Später wurden sie auch in anderen Teilen des römischen Reiches errichtet. Das Aquädukt musste eine ganz leichte Neigung aufweisen, damit das Wasser an seinem Zielort, meist ein Brunnen, von wo die Bewohner es sich in Eimern holen konnten, ankam. Sehr reiche Römer hatten sogar Leitungen direkt in ihr Haus.

Abwasserkanäle unter den Straßen dienten der **Hygiene** und für **öffentliche Badehäuser.** In den Badehäusern konnte man sich nicht nur waschen sondern auch einen **Friseur**, eine Kosmetikerin für die **Schönheitspflege** oder sogar eine Bibliothek aufsuchen. In nahezu jeder römischen Stadt gab es ein **Amphitheater** wo Gladiatoren- und Tierkämpfe stattfanden. Diese Freilichttheater hatten oft Platz für mehr als 20.000 - 50.000 Zuschauer.

Das „**Forum**" war ein großer, öffentlicher Marktplatz. Die **Basilika** am Forum eine große Halle, wo Amtsgeschäfte erledigt und Gericht gehalten wurde. Das Rathaus, die sogenannte „Curia", lag meist gleich nebenan. In der Mitte des Forums gab es Marktverkäufer mit Ständen, die Früchte, Gemüse, Tiere, Fleisch, Eier und vieles mehr verkauften. Auch Sklaven (servus=Sklave) konnten auf dem Forum verkauft oder gekauft werden. Das Forum diente auch zum Austausch von Neuigkeiten.

Auch in der heutigen Zeit sind in vielen Fremdwörtern, Sprüchen und in der Architektur die Spuren Roms zu finden.

Die **römischen Zahlen** von 1 - 10: **I, II, III, IV, V, VI, VII, VIII, IX, X**

Pompeji:

Ca. 800 vor Christus wurde Pompeji in Italien am Fuße des **Vulkans Vesuv** gegründet.

Der Boden um Pompeji war vulkanischen Ursprungs locker, durchlässig und mineralstoff-reich. Da Mineralstoffe für die Entwicklung von Pflanzen wichtig sind, ist vulkanischer Boden meist sehr fruchtbar und Obs, Getreide und Gemüse kann problemlos wachsen und kommt auch mit wenig Wasser aus.

Im Jahr 80 vor Christus wurde Pompeji von Rom besiegt und in eine römische Kolonie umgewandelt. Unter dem Einfluss Roms begann die Blütezeit der Stadt.

Im Herbst des Jahres **79 nach Christus** wurde Pompeji nach einem heftigen Vulkanaus-bruch unter einer meterhohen Aschedecke begraben.

Etwa 1500 Jahre später gegen Ende des 1600 Jahrhunderts wurden bei Kanalbauarbei-ten Marmortafeln und Münzen gefunden. Nach mehreren erfolglosen Ausgrabungen wurde 1763 schließlich die Stadttafel von Pompeji entdeckt

Die Stadt war, eingegraben unter der Aschedecke, noch sehr gut erhalten.

9.4.2 Probe 1 zum Thema - Das alte Rom und Pompeji

Kreuze jeweils die richtige Antwort an und fülle die Lücken, beantworte die Fragen.

1. Im welchem Jahrhundert fand man bei Kanalbauarbeiten Marmorplatten und Münzen? ❑ 16. Jahrhundert ❑ 17. Jahrhundert ❑ 18. Jahrhundert	1
2. Etwa um das Jahr ❑ 790 v. Chr. ❑ 79 vor Chr. ❑ 79 nach Chr. ❑ 2011 hatte der Vulkan ______________ (Name) einen riesigen Ausbruch und begrub die Stadt Pompeji unter einer Aschedecke.	2
3. Weshalb ist das für uns heute ein Vorteil? ______________________________ ______________________________ ______________________________ ______________________________	2
4. Welche Beschaffenheit hat vulkanischer Boden und was wuchs dort? Nenne mindestens 2 Pflanzen. Antworte in ganzen Sätzen. ______________________________ ______________________________	3
5. Wie nannte man den römischen Marktplatz? ______________________________	1

6. Kreuze bitte an, was die Römer auf ihrem sog. Markt machen konnten. ☐ Es wurden Sklaven verkauft. ☐ Man konnte Gemüse kaufen. ☐ Man konnte Filme schauen. ☐ Man konnte Bücher lesen. ☐ Es wurde Gericht gehalten. ☐ In den Tempeln wurde gebetet. ☐ Es wurde gebadet. ☐ Es wurden Steuern bezahlt. ☐ Es wurde ferngesehen. ☐ Man erfuhr Neuigkeiten.	5
7. Nenne drei Dinge, die man in einem römischen Bad machen konnte. ____________________ ____________________	3
8. Benenne 5 Lebensmittel, die man im alten Rom schon kannte. ____________________ ____________________	5
9. Wie nannte man das Theater im alten Rom? ____________________	1
10. Wie nannte man die Kämpfe, die dort stattfanden? ____________________	1
11. Kreuze die richtigen Aussagen an. ☐ Viele der Kämpfer starben in der Arena ☐ Viele wurden reich. ☐ Sie kämpften gegen wilde Tiere und gegen einander. ☐ Viele Männer meldeten sich freiwillig. ☐ Viele Männer wurden gezwungen. ☐ Es waren Gefangene, Sklaven oder Verbrecher.	3

Viel Erfolg. Von 27 Punkten hast du _____ erreicht.

9.4.3 Probe 2 zum Thema - Das alte Rom und Pompeji

1. Wann und von wem wurde Rom gegründet. __________ __________ __________	3
2. Was fällt dir zum Thema Amphitheater ein? Schreibe mindestens 3 Aussagen auf! __________ __________ __________	3
3. Was weißt du über Wasserleitungen und Wasser im Römischen Reich? Schreibe mindestens 2 Aussagen auf! __________ __________	2
4. Was fällt dir zum Thema „öffentliche Bäder im Römischen Reich" ein? Schreibe 4 Aussagen auf! __________ __________ __________	4
5. Schreibe mindestens 6 römische Zahlen und ihre Bedeutung auf. __________ __________	3
6. Schreibe zwei Sätze zum römischen Straßenbau auf. __________ __________	2

7. Was ist ein Limes? Erkläre in kurzen Sätzen! __________ __________ __________	2
8. Was war im Römischen Reich das „Forum" und wozu diente es? Notiere mindestens 4 Aussagen __________ __________ __________ __________	4
9. Was weißt du über Sklaven im Römischen Reich? Schreibe mindestens 2 Aussagen auf! __________ __________ __________	2
10. Welche lateinischen Wörter kennst du? Schreibe mindestens 2 auf! __________ __________ __________ __________	2

Viel Erfolg. Von 27 Punkten hast du _____ erreicht.

9.5 Produktion von Apfelsaft

- Die Blüte des Apfelbaumes wird im Frühjahr von einer Biene bestäubt, und ein Apfel wächst heran, der im Herbst (Oktober/November) geerntet wird.
- Wenn die Äpfel geerntet sind, werden sie zum Entsaften in eine Saftfabrik oder Mosterei gebracht. Dort werden sie zuerst gewogen, dann in Silos gelagert, bis sie weiter verarbeitet werden.
- Die reifen Früchte werden mit viel Wasser aus den Silos gespült, dabei gewaschen und verlesen.
- Dann werden sie in der Ritzmühle zu Maische vermahlen. Durch den Zusatz von Enzymen werden Pektine und Stärke abgebaut. Der Saftaustritt aus den Zellwänden wird erleichtert und die Saftausbeute erhöht.

- Danach wird die Maische gepresst, und es entsteht naturtrüber Apfelsaft mit Fruchtfleisch. Eine mit vielen Walzen besetzte, schrecklich laute Bandpresse drückt den Saft aus der Maische. Übrig bleiben dann Saft und Trester. Der Trester wird an Tiere verfüttert, oder man verwendet ihn für die Schnapsproduktion.
- Mostereien verarbeiten Äpfel als Erstes zu Direktsaft, der die Grundlage für alle anderen Säfte darstellt. In 1 Liter Direktsaft stecken etwa 7 Äpfel (1,5 kg).
- Der Saft wird dann zentrifugiert. Dadurch werden grobe Trübstoffe, wie Fruchtfleisch und Schalenreste, abgetrennt.
- Sodann kann man den naturtrüben Apfelsaft abfüllen.
- Will man klaren Apfelsaft erhalten, so muss man den naturtrüben Saft filtrieren.

- Sollen die Säfte länger halten, so wird der Saft pasteurisiert, also wenige Sekunden auf 85 °C erhitzt, damit der Saft nicht gärt.
- Der Saft kommt in große Edelstahltanks. Dort kann er bis zu einem Jahr gelagert werden, bevor er in Flaschen abgefüllt wird.
- Aber nicht immer wird der Saft direkt in die Flasche gefüllt und verkauft. Das ist nur beim Direktsaft der Fall.
- Um Apfelsaft möglichst platzsparend zu lagern und zu transportieren, werden dem Direktsaft die Aromen entzogen und separat zwischengelagert.
- Mit Hilfe eines so genannten Vakuumverdampfers wird dem Saft das Wasser entzogen. Auf diese Weise entsteht ein Konzentrat.
- Bevor die Ware in den Handel gelangt, werden die gleiche Menge Flüssigkeit in Form von besonders aufbereitetem Trinkwasser sowie das fruchteigene Aroma und gegebenenfalls Fruchtfleisch wieder zugesetzt und der Saft abgefüllt.
- Je nachdem, wie viel Wasser dem Konzentrat zugesetzt wird, spricht man von verschiedenen Getränken.
- Gibt man so viel Wasser wieder dazu, wie man vorher dem Direktsaft entzogen hat, so erhält man Apfelsaft. Besteht die Hälfte aus Saft und die andere Hälfte aus Wasser, so ist es Apfelnektar. Und wenn der Anteil von Apfelsaft bei 30 % liegt, dann ist es ein Fruchtsaftgetränk.

1. Direktsaft
2. 100 % Saft aus Konzentrat
3. Apfelnektar
4. Apfel-Fruchtsaftgetränk

- Nach der Herstellung der verschiedenen Saftarten wird der Saft/Nektar in Flaschen oder Tetrapacks gefüllt. Da die Vitamine lichtempfindlich sind, kommt der Saft oft in eingefärbte Flaschen oder in lichtgeschützte Tetrapacks, oder aber es wird empfohlen, den Saft vor Licht und Wärme zu schützen.

9.5.1 Probe zur Herstellung von Apfelsaft

1. Fülle den Lückentext aus! Nachdem die Apfelblüte durch ______________ im ______________ bestäubt wurde, kann der Apfel im ______________ geerntet werden. Nach der Ernte werden die Früchte in die ______________ gebracht. Dort werden sie ______________ und dann in einem großen Vorratsbehälter, ______________, kurze Zeit gelagert. Zur Weiterverarbeitung werden die gewaschenen Äpfel in ______________ gebracht. Dort werden sie in kleine Stücke zerteilt, so dass ein Apfelbrei, die ______________, entsteht. Diese durchläuft ______________, welche aus einem Laufband und mehreren Walzen besteht. Der Apfelsaft fließt nun in ein Auffangbecken. Durch den Zusatz von ______________ werden Pektine und Stärke abgebaut. Der Saftaustritt aus den ______________ wird erleichtert und die Saftausbeute erhöht. Die übrig gebliebenen Feststoffe nennt man „______________".	12
2. Was kann man mit dem Trester machen oder wie wird er noch verwendet? ______________ ______________ ______________ ______________	2
3. Welche vier Arten von Apfelsaft kennst du? ______________ ______________ ______________ ______________	4
4. Wie nennt man den Vorgang, bei dem man den Saft auf eine bestimmte Temperatur erhitzt? Um welche Temperatur handelt es sich (in Grad Celsius)? Aus welchem Grund macht man das? ______________ ______________ ______________ ______________	4

5. Erkläre, aus welchem Grund die Verpackung für ein Produkt - wie hier dem Apfelsaft - wichtig ist! ____________________ ____________________ ____________________ ____________________	2
6. Was versteht man unter Direktsaft? Wie viele Äpfel benötigt man für 1 Liter? ____________________ ____________________ ____________________	3
7. Was ist ein Fruchtsaftgetränk? ____________________ ____________________ ____________________	1
8. Maschinen unterstützen den Menschen bei der Produktion des Apfelsaftes. Nenne 3 Beispiele, wie eine Maschine dem Menschen bei der Herstellung des Saftes hilft. ____________________ ____________________ ____________________ ____________________	3
9. Manchmal kann man in einer Kelterei direkt seinen Saft kaufen. Warum ist dieser dann günstiger? ____________________ ____________________ ____________________	3
10. Manchmal werden auch Saftarten gemischt. Man kann zum Beispiel Apfel-Papayasaft, Apfel-Bananensaft oder Apfel-Mangosaft kaufen. Dieser ist teurer als der reine Apfelsaft. Warum? ____________________ ____________________ ____________________	2

Viel Erfolg ! Von 36 Punkten hast du ___ erreicht.

10 Notenschlüssel

Hier findest du verschiedene Notenschlüssel. Suche die Punktzahl, die der Gesamtpunktzahl in deiner Übungsprobe gleich bzw. am nächsten kommt. Schau dann, in welchen Punktebereich deine erreichte Punktzahl fällt, darunter findest du dann deine erzielte Note.

Note Gesamtpunktzahl	1	2	3	4	5	6
20	20 - 18	17,5 – 15,5	15 – 13	12,5 - 10,5	10 - 8	7,5 - 0
21	22 - 20	19,5 - 17,5	17 - 15	14,5 - 11	10,5 - 8	7,5 - 0
22	22 - 20	19,5 - 17,5	17 - 14,5	14 - 11,5	11 - 8	7,5 - 0
23	23 - 21	20,5 – 18,5	18 – 15,5	15 - 12,5	12 - 8,5	8 - 0
24	24 – 22	21,5 - 19	18,5 - 16	15,5 - 12,5	12 - 8	7,5 - 0
25	25 – 23	22,5 - 20	19,5 - 16,5	16 - 13	12,5 - 8	7,5 - 0
26	26 – 24	23,5 – 22	21,5 - 18	17,5 -13,5	13 - 10,5	10 - 0
28	28 – 26	25,5 – 23	22,5 – 19	18,5 – 15	14 - 10	9,5 - 0
29	29 – 26,5	26 – 23,	22,5 – 19	18,5 – 15	14,5 - 10	9,5 - 0
30	30 – 27	26,5 - 23,5	23 – 19,5	19 – 15,5	15 – 11	10 – 0
31	30 – 27	26,5 - 23,5	23 – 20	19,5 – 16	15,5 – 11	10 – 0
32	32 – 29	28 - 25	24 – 21	20,5 – 16,5	16 – 11	10 – 0
33	33 – 30	29,5 – 26,5	26 – 22,	21,5 - 17,5	17 – 12	11,5 - 0
34	34 – 31	30,5 – 27	26,5 – 23	22,5 - 18	17 – 12	11,5 - 0
35	35 – 32	31,5 – 28	27,5 - 24	23 - 19	18 - 12	11 -0
36	36 – 33	32,5 – 29	28,5 – 24,5	24 – 18,5	18 - 12	11 - 0
37	36 – 33,5	33 – 29,5	29 – 25	24,5 – 19	18,5 - 12	11 - 0
38	38 – 35,5	35 – 31	30 – 25,5	25 – 20	19 – 14	13,5 - 0
39	39 – 35	34,5 – 30	29,5 – 25	24,5 – 20	19,5 – 14	13,5 - 0
40	40 – 36	35,5 -31,5	31 – 26,5	26 - 20,5	20 - 15	14 – 0
41	41 – 37	36,5 -32,5	32 – 27,5	27 - 21	20 - 15	14 – 0
42	42 – 38	37,5 -33	32,5 - 28	27 - 22	21 - 15	14 - 0
43	43 – 39	38,5 -33	32,5 - 28	27 - 22	21,5 - 15	14 - 0
45	45 – 41	40 – 35,5	35 – 30	29,5 - 24	23,5 - 18	17 - 0
46	46 – 42	41 - 36,5	36 – 31	29 - 23,5	23 - 17	16 - 0
48	48 – 43,5	43 - 38	37 – 32	31 – 25	24 - 17	16 - 0
49	49 – 45	44 - 39	38 – 33	32 - 26	25 - 18	17 - 0
50	50 – 45,5	44,5 - 39,5	39 – 34	33 - 26	25 - 18	17 - 0
51	51 – 45	44 - 39	38 – 33	32 - 26	25,5 - 18	17 - 0
52	52 – 47	46 - 41	40 – 35	34 -27	26 - 19	18 - 0
54	54 – 49	47 – 41,5	41 – 35	34 – 28	27 - 19	18 - 0
56	56 – 51	50 – 44	43 – 37	36 – 29	28 - 20	19 - 0
58	58 – 52	51 – 45	44 – 38	37 – 30	29 - 20	19 - 0

11 Quellennachweis

Schulhefte unserer Kinder Nina und Paul, Julius und Linus, sowie anderer Schüler aus Grundschulen in Dachau, Stockdorf, Garmisch, Starnberg, Gangkofen und vielen Grundschulen in München.

„Der Kinder Brockhaus in vier Bänden", 1992, Brockhaus Verlag
Meyers Lexikon 2005
Das große Kinderlexikon 2006 , Media Verlag
Schüler Brockhaus
Spiel das Wissen schafft, Ravensburger 2004
Verschiedene Wieso? Weshalb? Warum? - CDs und Bücher
www.wikipedia.de
http://www.greenpeace-magazin.de/index.php?id=2577
http://www.stadtwerke-singen.de/pdf_koffer/abfallkoffer/klasse_1_4/3_abfalltrennung/35_und_der_Restmuell.pdf
http://de.wikipedia.org/wiki/Deponie#Aufbau_einer_Deponie_.28nach_der_DepV.2FTASi.29
http://www.medienwerkstatt-online.de/reload.html?/products/radfahren/
http://de.wikipedia.org/wiki/Bildtafel_der_Verkehrszeichen_in_Deutschland
http://de.wikipedia.org/wiki/Wasserl%C3%A4ufer
http://www.kindernetz.de/oli/tierlexikon/stockente/-/id=74986/nid=74986/did=84570/1w0a07w/index.html
Diercke Weltatlas 2009
http://www.was-wir-essen.de/abisz/aepfel_verarbeitung_saft.php
http://www.apfelmosterei.de/produktion

Bilder:
Pferdebilder und Logos: Michael Reichel, München
Diverse Sachzeichnungen: Mandana Mandl
Autobilder: Julius Z. 4. Klasse, München
Andere Bilder: Horst Reichel, Stuttgart
www.istockphoto.com

Notizen

Notizen